心を耕す名言100

明日咲く言葉の種をまこう

岡崎武志
Takeshi Okazaki

春陽堂書店

明日咲く言葉の種をまこう

──心を耕す名言１００

まえがきにかえて

のっけからこういう書き方をすると、そっぽを向かれるかもしれないが、私はこの本にかなり自信を持っている。私の物書きとしての最良の特性がここに出ているはずで、これが認められないようなら、あんまり先はないかなと考えている。少しでも多くの人の手に渡ってほしい。

「この本はいわば『読む薬』です。いずれも脳と心のためになることを心掛けて、名言や名セリフを本から抜き出して紹介しています。詩集から小説、随筆、評論、そしてマンガと扱うジャンルはさまざま。それはそのまま、私の読書傾向を反映しています」

そう書いたのは　二〇〇六年四月に光文社知恵の森文庫から出た『読書で見つけたこころに効く「名言・名セリフ」』巻頭の「読む（飲む）前の注意書き」であった。元は、月刊の教育誌「高校教育」（学事出版）に今も継続中の長期連載エッセイ「心を耕す名言・名セリフ」をセレクトして書籍化したものである。直近の締め切りに送った原稿が第一八〇回になる。文庫版では発行時点での百二編を収録。帯には女優で作家の中江有里さんが「ただの名言集ではありません。『読む楽しさを共有する本』です」という推薦文を書いてくださった。そう読まれるといい、と思っていたからうれしかった。ただし、「読書」と銘打ったおかげで、本以外の話題である映画、ドラマその他は割愛した。そのことを少し惜しく思っていたのである。

このたび、春陽堂書店さんから単行本として改めて出していただくことになり、現時点でのすべての連載を精査し、文庫版では割愛した映画やドラマの名セリフ・名言も含め再構成することにした。約三分の一は文庫版未収録の原稿かと思われる。図々しい望みだが、文庫版を読んで下さった方にも手に取っていただきたいし、その値打ちはあると自負している。

二〇二〇年の学習指導要領によると、高校の国語において高二から「文学」が選択科目になるという。もう一つは「論理国語」と呼ばれる単元で、実用文を教える。実用文とは行政のガイドラインや駐車場の契約書などのことらしい。本気だろうか。この問題を取り上げた二〇一九年八月十七日の朝日新聞「天声人語」は「若い人が文学に触れる機会が失われていくのでは、との懸念が伝わってくる」と書いた。夏目漱石の「こころ」も、中島敦「山月記」も、梶井基次郎「檸檬」も、茨木のり子の「わたしが一番きれいだったとき」も、その存在さえ知らないまま大人になっていく。教科書で出会わなければ、一生触れることさえない作家や作品がたくさんある。文学など、何も知らずに淋しい大人になっていく。そんな恐ろしいこと、ありか。私はあってはならないという立場にある。

全部を隅々まで覚えている必要はない。登場人物の何気ない言葉やちょっとした場面、あるいは詩歌句の一行を、なんとなく覚えている。作品との出会いはそれでいいと思っている。どうせつらく厳しい人生が待っているのだ。その途上で膝を折り、地面に手をついた時、かつて心を躍らせた一節、一行を思い出すことがあるだろう。その時、微かでも熱い血が通う。その言葉のたいまつ一つを掲げて、また歩き始めることができるはずだ。

ここに選び出した百編百言が、そんな「言葉のたいまつ」になればいい。

今回、単行本化の再編集にあたり、巻末に「引用作品一覧」を付した。どんな作品を取り上げたかが一目瞭然になっている。書籍は現在入手可能なものを挙げているので、本書をきっかけにして元の作品に触れる手がかりになればと思う。

編集には春陽堂書店から出た前著『これからはソファーに寝ころんで』と同じく、同姓の岡崎智恵子さんの手をわずらわせた。隅々まで気を配って下さって助かった。また、装幀は念願のクラフト・エヴィング商會さんにお願いして、こころよく引き受けてもらった。本が売れないという逆風の中、万全の体制で送り出す一冊である。後顧の憂いなく、私もまた風に逆らって前に進むだけである。

二〇二〇年三月

岡崎武志

目次

装幀◉クラフト・エヴィング商會［吉田浩美・吉田篤弘］

芽吹きの春に

明日咲く言葉の種をまこう

幼い頃、父と凧揚《あ》げをした記憶がある。ただし、凧はうまく揚がらなかった。簡単な理由で、風がなかったのである。どうして父が、その日幼い息子の私と凧を揚げようという気になったのか。たぶん気まぐれであろう。あるいは、テレビの映像か新聞雑誌の写真で、凧を揚げる親子の姿を見たか。父は早くに死んだ（享年四十二）ので、今では確かめようもない。

まず小さな凧から揚げることである

水原秋櫻子

そんなことを思い出したのは、先日、フィンランド人監督ミカ・カウリスマキの『旅人は夢を奏でる』を見たからだ。著名なピアニストである息子と数十年振りに再会した父親が、盗んだ車で旅をする。息子は成功していたが、妻と娘とは別居中。成熟していない印象を受ける。

父親は旅の終わり近くに、息子を妻娘と再会させる。息子は、娘の目の前で凧を揚げるがうまくいかない。必死で走る姿がどこか滑稽《こっけい》だ。そのシーンを見て、ああ、自分にもこんなことがあったなあ、と先のことを思い出したのだ。

俳人の水原秋櫻子《しゅうおうし》による随筆「凧の話」(『日本の名随筆37　風』に所収)を紹介したくて、余計なエピソードから始めた。

冒頭に掲げたのは、その「凧の話」からの引用。「子供の時分凧揚げが好きだったので、今でも空にあがっている凧を見ると、思わず足をとどめてしまう」という書き出しで、凧揚げの思い出について語られている。これが、読んでいると、人生の生きかたにつながるように思えてくるのだ。

風の強い日なら、誰でも簡単に凧は空高くとどまる。しかし、風のあまりない日はどうか。そこには技巧が必要だ。

「苦しい時を我慢づよく凌《しの》いでいると、必ずこういう風に順境がめぐってくるにちがいないのである」

そこで凧揚げの上達法を説いている。「まず小さな凧から揚げることである」と秋櫻子は言う。「一文凧《いちもんだこ》」と呼ばれる、駄菓子屋でも売っているような小さな凧から始める。枯木の梢に尾をさらわれないよう、うまく避けつつ揚げるうちに、呼吸をおぼえるのだ。

俳人・水原秋櫻子は一八九二（明治二十五）年、東京は神田区（現・千代田区）猿楽町の産婦人科医の家庭に生まれた。自身も産医師となり、その傍ら、生涯俳句を作り続けた。高浜虚子門下で『ホトトギス』同人。同門の山口誓子《せいし》、阿波野青畝《あわのせいほ》、高野素十《そぎゅう》とともに『ホトトギス』の「四S」と呼ばれた。

よく知られる代表句に、

「啄木鳥《きつつき》や落葉をいそぐ牧の木々」

「瀧落ちて群青世界とどろけり」

などがある。

いまや都会では凧揚げ風景など見なくなったが、一つの習俗がなくなれば、背後にある情感や技術なども一緒に消えていく。これほど凧揚げが好きな秋櫻子だったが、「凧そのものの面白さに夢中になっ」たため、句にはほとんど詠んでいないという。それも、なんだかおもしろい。

久しぶりに北村薫『秋の花』（創元推理文庫）を再読して、感銘を新たにした。とくに高校教師は必読。学校帰りに古本屋巡りをするような、渋い読書好きの主人公「私」は大学二年の女の娘。大学の先輩で落語家として実力・人気を兼ね備えた円紫《えんし》と親交がある。円紫は卓越した推理力と知力で、「私」が持ち込む日常のちょっとした謎を、現場を見ずに解いてしまう。洒落たミステリーである。

未熟なうちでないと出来ないこともあると思っていますよ

「秋の花」

本作前に『空飛ぶ馬』『夜の蝉』と、同じ登場人物による短編集が出て、シリーズ化されている。『秋の花』は三冊目で、初めての長編。どんな内容か、文庫解説目録のダイジェストに手を入れて紹介する。「私」の高校の後輩（三年下）が、文化祭の準備中に夜の校舎の屋上から墜落死する。事故か自殺か？　亡き真理子の親友だった利恵は、以後心を閉じて憔悴していく。近所に住む利恵を慰め、真相を解こうとする「私」は、円紫師匠に打ち明ける。謎は解け、家を出た利恵を「私」と円紫が追う。

平凡なミステリーは謎解き重視で、時として登場人物はそのために狩り出された人形みたいに見える。血が通っていないのだ。北村薫はもっぱら、主人公とそれを取り囲む人々の心に寄り添い、人生の実相を映し出す。読後の余韻がまるで違う。

著者は元高校の国語教師とあって、教師、生徒たち、文化祭準備の風景などの描写がじつにリアルである。亡くなった真理子と利恵は小中高と同窓だが、同じクラスになったのは三度だけ。それでもいつも双子のように二人一緒だった。同じ高校へ入り、美術の授業を選択した。真理子はずっとピアノを習い、卒業後も音楽の道を進むはずだったから、担任教師は面談の時、利恵と同じクラスになるため美術を選択したのか、と聞いた。

すると彼女はこう答えた。

「先生、美術をとったのは無駄だと思いますか。わたしは、同じものだと思ってやっています。（中略）本を読むのも、道を歩くのも、こうやってお話ししているのも全部同じところでつながっているんだと思います」

教師は自分の浅はかな考えを恥じた。真理子は深くものごとを考え、先を見通せる高校生だった。それだけに早い死は残酷だ。真理子と利恵の担任教師は、なりたてでクラスを持った。「お若いですね」と言った「私」に、「未熟です。でも、未熟なうちでないと出来ないこともあると思っていますよ」と言った。その通りだと私も思った。ベテラン教師だけで学校はなりたたない。未熟で、失敗をしでかしそうな若い教師が意外な力を発揮する。生徒が若い教師を助けることもあるのだ。

タイトルの「秋の花」とは「秋海棠《しゅうかいどう》」を指し、じつに印象的な形で物語に使われる。夏から初秋にかけて、淡いピンクの小さな花を咲かせる。円紫が「私」に、この花が別名「断腸花《だんちょうか》」だと告げ、その意味を教える。この時、読者は著者がタイトルに込めた思いを知るのだ。それは「人が思って泣く涙が落ち、そこから、生えたといいます」という意味の花だった。

モダンジャズ史における巨人の一人、セロニアス・モンクの言葉だ。長谷川集平『音楽未満』（マガジンハウス）のなかで紹介されていたのを書き取った。

モンクは、演奏者名を隠されても、聴いてすぐわかるほど顕著な特色のあったピアニストだったが、村上春樹は彼を「謎の男」と評し、こう書いている。

「モンクの音楽は頑固で優しく、知的に偏屈で、理由はわからないけれど、出てくるものはみんなすごく正しかった」

オレたちは知ることで自由に、そして自分自身になっていくんだよ

セロニアス・モンク

『音楽未満』によれば、彼の指輪には「MONK」と横に彫ってあった。これを逆から見ると「KNOW（知る）」になる。そのことを息子に教えたのが、この言葉だ。

「なんで勉強なんかしなくちゃいけないのか。受験勉強以外の科目なんか、社会に出ても役にたたない」と、息子が父・モンクに問うた時の答えだった。いままでも、そして

これからも子どもたちや若者は異議申し立てを、疑問を飽くことなく親や教師にぶつけるだろう。しかし「知る」ことがいかに大事か。それは「社会に出ても役にたたない」どころか、自分を生かす生命線となる。

さらに言えば知ることは知識の修得だけにとどまらない。知るプロセスで目が開け、頭が柔軟になり鍛えられる。

丸谷才一が「東京はすごい町」という文章で、昭和二十六、二十七年ごろ、まだ四谷に社屋があった時代の文化放送を訪ねた話を書いている。受付に一人の若者がいて、これが話題も広くて話がおもしろい。すっかり感心した。それから二十年後、「週刊朝日」の書評委員会でばったりと、かつて若者だったこの男と再会する。二十年後の彼は哲学者・中村雄二郎になっていた。

この委員会でも丸谷は中村といろいろ話し、その雑学の広さに驚く。しかしもっと驚いたのは「ものを考へる考へ方の技巧の妙だつた」という。丸谷は旧かな派なので、そのまま引用する。つまり、ものをたくさん知っているだけが偉いんじゃない。ものを知ることは「ものを考へる考へ方」を知っていることにもなるのだ、と丸谷と中村の逸話は教えている。

もうひとつ、ものを「考える」ことについての名言を。大村彦次郎『文壇うたかた物語』（ちくま文庫）から拾った田辺聖子の言葉だ。「日頃、構えることの嫌いな」彼女はこう言った。

「平仮名でもの考えたら、ええねん」

漢字で作られた言葉はおおむね観念語であるから、とくに、西洋の言葉を日本語に移し替えた場合、どうしても日常から遊離する。とくに男は漢字でものを考えがちだ。ときどき「平仮名」を交ぜてやると、風通しがよくなる。いかにも柔軟な田辺聖子らしい言い方だ。

その田辺が所属した関西の有力な同人誌「ヴァイキング」に、三十六歳で死んだ川野彰子という作家がいた。その夫で医者の川野純夫は、のちに田辺聖子と結ばれる。すなわち、田辺のエッセイでおなじみの、あの「カモカのおっちゃん」である。

福井県鯖江《さばえ》市立進徳小学校
福井県いわき市立郷ヶ丘小学校
東京都西東京市立住吉小学校
神奈川県藤沢市立石川小学校
東京都立川市立幸《さいわい》小学校

わたしがたねをまかなければ　はなは　ひらかない

谷川俊太郎

ここにずらりと並べた小学校の共通点が一つある。おわかりだろうか。じつは、この五校、すべて校歌の作詞が谷川俊太郎なのである。谷川が作った詩の校歌が歌えるなんて、これらの小学校の子どもたちがうらやましい。

『すき　谷川俊太郎詩集』（理論社）は、テーマ別に五章、子どものための詩を集めた詩集なのだが、その三章が「はみ出せこころ」。校歌のために作った詩ばかりが並んでいる。どんな曲かはわからないけれど、読めば、どれも自然と歌い出したくなる。作曲は服部公一、湯浅譲二、林光、谷川賢作といずれも有名な人ばかり。ちなみに谷川賢作は、谷川の長男だ。

今回引いたのは、幸小学校の校歌（作曲は林光）。

「わたしがたねをまかなければ／はなは　ひらかない／ぼくがあしを　ふみだすとき／みちは　かぎりない／じぶんで　かんがえ／じぶんで　はじめる／幸小のわたしたち」

これが一番。あと「ぼくがほしを　みつめるとき／そらは　かぎりない」が二番、「ひとりがうたを　うたいだすと／こえは　こだまする」が三番の歌い出し。通常の校歌とは、かなり趣が違っている。普通はもっと漢字が多く、ということは漢語が多く、伝統のある学校だと言葉遣いが古臭くなる。おそらくだが、仙台なら、広瀬川、杜の都、政宗公は、といった言葉が入ってくる。郷土を寿《ことほ》ぐという硬直した姿勢が、まずは崩せない。押しつけがましいのだ。ほかの土地の子どもが歌っても、シンパシーが持てないだろうと思う。

谷川の作った校歌にそういった郷土色は払拭されている。しかし、土地柄をまったく無視しているわけではない。たとえば「いっしょうけんめい　一ねんせい」（進徳小学校）

では、「おかのふもとの　がっこうは」「つつじのかおる　がっこうは」と、谷川が現地を取材し、その学校ならではの風景が織り込まれている。「わかばのけやきはるのひは」（住吉小学校）では、すべての連に「けやき」という言葉が入っている。庭に、あるいは周囲に欅《けやき》の木が生い茂っているはずだ。

平明な言葉を使い、子どもたちを元気づけ、明るい勇気を与える。イヤイヤ歌わされる古臭い校歌とは違う。おそらく、これらの小学校の在学生、卒業生は、ふだんでも時々、校歌を口ずさむのではないか。苦しくなった時、「わたしがたねをまかなければ／はなは　ひらかない」と歌ってみる。また一歩、踏み出して歩こうと思うのではないか。

毎年一月と七月は、「芥川賞」の発表で世間が騒がしくなる。いま、これを「あくたがわしょう」以外に呼び間違える人は少ない。しかし、大正期、これを「ゴミカワ」「セリカワ」「チャガワ」と間違えられたと苦い経験を書いているのが、日本を代表するシェイクスピア役者だった芥川比呂志。あの芥川龍之介の長男だ。万葉仮名で「比呂志」と書くが、音は親友だった菊池寛から取ったと言われている。

きみ、靴下をぬいでごらん。楽になる

太宰 治

筆もたつ比呂志の随筆集『芥川比呂志エッセイ選集　全一巻』（新潮社）は、通読するというより、思い出したように棚から引っぱり出しては、所々を読みふける。例えば小学校の時、彼を「ゴミカワ」とわざと呼んでからかった級長がいた。比呂志は仕返しに彼を「ミヤ」と呼び捨てにし、以後二人は「ゴミ」「ミヤ」という仲になる。「ミヤ」はのちの第七十八代内閣総理大臣・宮澤喜一だ。

芥川龍之介が自殺したのは、著者が七歳のとき。死後に編まれた全集の題字は、まだ小学生だった比呂志が書いた。

小学二年の時、父の書斎の庭先に立つ椎の木に、いたずらで登り始めた。ところがなかなかうまく登れない。中程で休んでいると、いつのまにか龍之介が縁側に立って見ていた。

叱られる覚悟をしていると、「右足の少し上に、高くなってる所があるよ。そこへ足をかけてごらん」と、木登りのコーチをしてくれて、比呂志は二階の庇《ひさし》へたどり着く。すぐに龍之介が木に飛びつき、追いついて来て言った。「さあ、二階から帰ろう」。ともに生きた時間が短かった父子の大切な思い出だ。

「笑いたい」という文章がある。「何人か寄って、話をしていて、笑えないのは、つらい」と書き出される。著者によれば「笑いは、話の味をよくする酒である。いや、笑いは話そのものであり、私たちは、笑いたいために話すことがある」と言う。ところが何かの事情で、自分だけ話に乗り遅れ、一人無言のことがある。たしかにありますね。

著者も、かつてそういう経験をした。すると、その夜の座敷の主人が「きみ、靴下をぬいでごらん。楽になる」と言った。

虚をつかれた著者は言われた通りにする。効果はてきめんで、すぐに打ち解けて話せるようになった。隣から酒をすすめられ断った時も、この主人が「弱きを助けよ」とおどけて盃《さかづき》を差し出した。

「頼む方が弱い立場だから、助けると思って飲んでくれ」という意味だ。このユーモアたっぷりの主人の名は太宰治という。

「マイブーム」「ゆるキャラ」「見仏（仏像観光）」など、趣味が仕事になり、しかもそれがブームになって定着していく。それがみうらじゅん。肩書きを決めるのは難しい。いちおうマンガ家だが、その範疇《はんちゅう》を大きくはみ出して、マスコミで活躍している。

一九五八年生まれだから、今年（二〇二〇年）六十二歳になるが、いまだに長髪に黒眼鏡というでたちで、幼い我が子を連れていると、目撃した市民に誘拐犯と間違われて通報されかかったという逸話の持ち主でもある。なんだか、うさん臭い感じ。

人生ってそもそも「自営業」だからね

みうらじゅん

しかし、各界の著名人たちと対談した『止論。』（コアマガジン）を読むと、卓見、名言が目白押し。こんなおもしろくタメになる対談集も珍しいのだ。

気の合う山田五郎という良き理解者を得ての自在な語りにまず注目。山田は、若い連中が「みうらさんになりたい」と簡単に発言してしまうことに待ったをかける。「みうらさんの楽そうな部分だけを見て、陰でどんな目に遭《あ》ってるかを知らずに言ってる」と反論するのだ。たとえば「オウム（真理教）と間違われて捕まったり、夕張映画祭で帰れって言われたり、東大寺でシカトされたり」したそうだ。知らなかった。

「この歳《とし》になってもまだ怒られるってびっくりだよね」と、みうらは言う。やはり、不真面目そうに見える行動が誤解を生むんだ、今でも。

山田はかつて大手出版社の編集者だったが、その時代の話で、「クレーム処理を嫌がるな、編集者の醍醐味はトラブル解決にあるんだ」と、若い編集者に教えたという。これは編集者だった私にも身に覚えのあることだ。「悪意ある過ちじゃない限り、相手だっていつまでも怒ってないんだから」というのが根拠だ。

それに対し、みうらは「無視したり、馬鹿にしたり冷たくする時って必ず手を抜いた時だからね」と続けて言う。長髪・黒眼鏡（みうら）、キューピーカット（山田）の姿を想像すると脱力してしまうが、これはいいこと、言ってる。

そして、「任された仕事に関しては、すべて自分の責任」という山田に、極めつきの名言をみうらが吐く。

「人生ってそもそも『自営業』だからね」

なるほど、人生を会社、あるいは仕事に置き換えたとき、あらゆることの責任を他人が取りようがない。みんな自分でかぶり、自分で解決していかなくちゃならない。まさしく「自営業」だ。

逆に、苦しい局面や息の詰まるようなトラブルを抱えて、それを自力で脱出すれば、自分の手柄なのだ。自分という人生では、自分が「社長」。長短はあれ、生まれて死んでいくコースはみな同じとしたら、自分が経営者になって、自力で乗り切っていくしかない。

次から次へ目の前に押し寄せてくる仕事や用事。抗する術もなく、ただノルマとしてベルトコンベヤーになって片づけていく。時間がだんだん重荷になってくる。やれやれ。

そんなとき、手を伸ばしたい一冊が、フジモトマサルのマンガ『二週間の休暇』（講談社）。著者は、擬人化動物の絵を得意とするマンガ家兼イラストレーター。『ダンスがすんだ』（新潮社）、『いきもののすべて』（文藝春秋）などの著作がある。また、穂村弘『にょっ記』、森見登美彦『聖なる怠け者の冒険』の挿絵などでも知られている。私は、端正かつリアルなフジモトさんの描く線と色彩の世界が大好き。いつも切り取りたくなる。一度だけお目にかかったが、イラストのように端正で優しい人だった（二〇一五年逝去）。

技術はいらないわよ、気持ちの問題だから

フジモトマサル

かなり古いアパートの一室。日菜子と呼ばれる二十代の女性が目覚めるところから『二

週間の休暇』は始まる。起きてみると冷蔵庫は空《から》っぽ。おまけにフライパンはボロボロ。フライパンを磨き上げたところで買い物に外へ出る。

町はひっそりとして、人影はない。居るのはさまざまな種類の鳥ばかりで、なぜか彼らは人間の言葉が話せる。しかも空を飛べず、地を歩いている。いずれも鳥が店主の商店街では、「豆腐屋」でもめんを一丁、八百屋でほうれん草が安いとすすめられ、肉屋でコロッケを買い、川沿いの土手をコロッケを食べながら帰った。肉屋のコロッケを買いたてで食う美味さは、筆舌に尽くしがたい（大阪・南森町「中村屋」のコロッケは絶品）。うつむいて通りすぎそうになった「ニライ書房」はフクロウが店主で、入ってみると本棚には見たことのない本ばかり。じつはフクロウの店主がすべての本の著者なのだ。日菜子は『給水塔占い』という本を買ってみた。

どうやら彼女は過去の記憶をなくして、どこか別の次元の世界に迷い込んだらしい。記憶を少しの時間取り戻せる紅茶を飲むと、彼女は、ただパソコン相手に忙しく働く毎日に疲れ、不思議な鳥の訪問により「鳥の国」へ招待されたことがわかる。

「でも私には仕事が」とためらう日菜子は、鳥に「あなたのやっている仕事は他の誰にだってできるから大丈夫」と言われてしまう。でも、本当にそうなのだ。「鳥の国」に次第に慣れていった彼女だったが、ある日、じつは鳥たちが、空を飛べることに気づく。危険もなく、飛ぶ必要もないから飛べなかった鳥たちが、ついに空へ舞い上がる。日菜子も鳥たちに誘われる。「技術はいらないわよ、気持ちの問題だから」と言われたが、やっぱり彼女は空を飛べないのだった。結局、元の世界へ戻って、それまでと変わらぬ日々を過ごす日菜子。

たしかに、生きるのに「技術」はいらないのだ。不思議な二週間の休暇は、彼女を変えただろうか。読者は彼女と一緒に、不思議な時間を経験できるはずだ。

これはニーチェの言葉らしい。名越康文の発言からの引用だが、出典は「どこにあるかわからないんです」と言う。記憶に焼き付いて、どの文章からか、探せどいまだ見つからない。そういうことってありますよね。ちなみに、この言葉の謎解きは「なぜなら、大きなことは、ふだんからそのことについてちゃんと用意しているからだ」という意味らしい。あとは「即断」あるのみ。

小さいことについては悩め、大きなことについては即断しろ

ニーチェ

内田樹《たつる》、平川克美、名越康文による鼎談『僕たちの居場所論』（角川新書）がおもしろく読ませる。各人の人物紹介は避けるが、一九五〇年生まれの内田と平川は小学校時代の同級生、しかも同じクラスで、一番前の席に並んで座らせられたという。テレビなどでも顔がおなじみの名越康文は二人より若く一九六〇年生まれ。本職は精神科医。

三人に共通するのは、大学で教えた経験を経て、現在は私塾のような「場」を作り、

独自の人脈を作っていることだ。〝いま吉田松陰〟といったところか。その三人が、本なしでトイレに入れないので探しているうちにモレそうになる（私もそうだ）、などのバカ話から政治、世界経済、そして他者との関わりなど、多岐にわたって語り合う。語り口をリアルに伝えるこの本を読んでいると、喫茶店や飲み屋で三人がしゃべるのを横で聞いていているような気分になる。それは、じつにぜいたくな時間である。

彼らのほかにも、私塾を開く人が増えているらしい。主宰者には大学で教えた経験を持つ人が多い。内田は「今の大学ではできないことが増えすぎたことに対する無力感のせいじゃないかな」と考える。文系の学問を軽視し、格付けすることで、大学を淘汰しようとする風潮に、三人とも非難の声をあげる。

つまり、現代の大学は若者の「居場所」たりえないのかもしれない。内田いわく、平川は大学入試で数学の試験のとき、途中でトイレ退出を要求し、付き添う大学院生に出題された問題について話しかけ、トイレから戻るまでの間に解き方を聞き出したというのだ。カンニングすれすれの行為だが……。

「これは、ほんとうの実力だと思う。見ず知らずの人を相手に一瞬のうちに間合いを切るんだから」と内田は平川のスゴさを讃える。

その平川が、東京で「隣町珈琲」という喫茶店を経営している。そこには平川がセレクトした本が並んでいる。自身も週に一度はカウンターの中に立つ。大阪でクリニックを開く名越は、東京へ来るたび平川の店へ寄り、くつろぐのを楽しみとする。

「居心地のいい場所っていうのは、今の象徴であり、まさに強い現実だと思いますね」

と平川。カフェが流行《はや》るというのも、現実に疲れた人たちが、そこに「居場所」を求めているからだろう。コーヒー一杯飲む時間の幸福をいつでも持っておきたいものだ。

詩人・茨木《いばらぎ》のり子は二〇〇六年に死去。享年七十九。死後も、生前に書き残された作品をまとめた詩集『歳月』（花神社）ほか、選詩集、全詩集などが刊行された。

晩年に出した詩集『倚《よ》りかからず』（筑摩書房／ちくま文庫）は、老年にあって、凛《りん》と背筋を伸ばし生きる姿を描き、詩集としては異例のベストセラーとなる。後に同じ版元から、『茨木のり子集　言の葉』（全三巻）が出るなど、ブームが起きた。

その時だ　しっかり肝っ玉ァ坐ったのは

茨木のり子

すでに多くの選詩集があるなか、二〇一四年、新たに岩波文庫から『茨木のり子詩集』が出た。巻末に大岡信との対談「美しい言葉を求めて」、理解の行き届いた小池昌代の解説、年譜も収める。谷川俊太郎が選にあたったのが新味だろう。大岡も谷川も「櫂《かい》」という同人誌で茨木と仲間だった。

谷川は、「初々しさ」という「まえがき」で、茨木の詩について「時折苦言を呈しました」と告白している。それがどういう内容だったかは、本書にも掲載された「ほうや草紙」という詩でわかる。いわく「茨木さんはもっと馬鹿げた詩を書くべきだよ／たとえばさ　自分のおしっこだってなんだって／谷川俊太郎氏はそういうのです」。谷川はアニメの主題歌やCMソング、童謡から言葉あそび歌まで、自在に詩の領域を広げた言葉の名人だったから、あまりに立派で、正々堂々とした茨木の詩精神に苛立《いらだ》ちを感じたのだ。私も『倚りかからず』はちょっと苦手。

しかし、背筋を伸ばした正義派でないと書けない詩もあった。本書に収録された「りゅうりぇんれんの物語」は、まさしくそういう一編で、文庫本にして三十ページ近い異例の長詩。昭和十九（一九四四）年九月、太平洋戦争のさなか、中国・山東省の村で一人の若い農民が日本軍に攫《さら》われた。名は劉連仁《リュウリエンレン》。「六尺もある偉丈夫」は、北海道の炭鉱に送られ、そこで強制労働に就かされた。

過酷かつ非人道的労働に耐えかね、仲間と三人で脱走した劉は、のち仲間とはぐれ、山中をさまよう。終戦も知らず、一人で獣のように生き、穴ぐらから彼が発見されたとき、時代は昭和三十三年になっていた。

茨木は、この「りゅうりぇんれん」の物語を、静かな怒りを込めて長い長い詩に仕立て上げたのだ。

故郷には愛する妻と子を残し、日本が島と知らずに逃げのびる男たち。山狩りで仲間二人は捕らえられた。二人は殺されるだろう。絶望が断崖のように迫ったとき、劉は「『ばかやろう！』そのつもりなら生きてやる／生きて　生きて　生きのびてみせらあな！」と叫ぶのだ。そして今回掲げた一行に続く。

詩は、劉が罪もなく兵士でもなく「華人労務者移入方針」という名のもと連行されたことを告発し、十四年目に故郷の土を踏んだところを見届けて終わる。三段組になってもいい。この詩を国語教科書に載せていただきたい。

誰もが少年時代に憧れの職業や夢を持つ。厳しい現実を知っても、不可能とわかっても、「プロ野球選手になりたい」「宇宙飛行士になりたい」と夢見ることは大事だし、それがないと、ひからびた大人になってしまう。

『ぼくのしょうらいのゆめ』（文春文庫）は、各分野で成功した十二人が、子どもの頃に思い描いていた「しょうらいのゆめ」について回想し語る。市川準（映画監督）、大竹伸朗《しんろう》（画家）、高橋悠治（ピアニスト）、谷川俊太郎（詩人）、舟越桂《かつら》（彫刻家）など、まさに多士済々。当時書いた作文や絵、大事にしていたもの、現在の仕事場が写真で掲載されている点でも興味深い一冊になった。

「何かを目指すということすら忘れている自分」が一番好き

田中 泯

内田裕也（ロックンローラー）は、意外や文学少年だった。漱石『草枕』の冒頭（智に働けば角が立つ……）は暗記しているし、ゲーテ、鷗外、内田百閒、徳田秋聲を読む

「ませたガキ」だった。「俺は、知識というのは人間にとってすごい快感だと思っているんだ」という言葉は、付け焼き刃では出てこない。

関野《せきの》吉晴は医師で探検家。一九九三年に「アフリカから人類が全世界へ拡散していった行程をたどる『グレートジャーニー』を始め」、二〇〇二年にゴールした。東京の下町で育ち、野球ばっかりやっていた少年が、大学へ入学した時、ある教授から大学では三つのこと「本を読め。友達をつくれ。酒を飲めるようになれ」、それだけやればいいと言われた。いい先生だ。テレビ放映された「グレートジャーニー」を見た人から「誰とでも仲良くなるね」と言われた。だけど実際は、と関野は言う。「本当に時間をかけないとだめなんですね。人との付き合いは、すごく時間がかかる」。すぐに仲良くなった友達も、本当にわかり合うためには時間がかかるものだ。

舞踏家の田中泯を私が初めて見たのは映画『たそがれ清兵衛』。真田広之との室内での決闘シーンにおける動きと所作は、旧来の時代劇での立ち回りには見られない、まさに舞踏のようだった。田中は今、山梨に身体気象農場という場所を作り、農業と舞踏の実践を続けている。舞踏との出会いは、暗黒舞踏の土方巽《ひじかたたつみ》の舞台を見た時から。「好きな踊りを踊って一生を送りたかった。職業というのが、僕の中では到達目標ではなかったんですね」。事実、舞踏だけで食べていけるわけではない。そのために、金銭を代償としない、踊りそのものが純化されていった。

「僕は何かを目指してダンサーになったわけではなく、目的があって踊ろうとも思っていません。強いて言うならば『何かを目指すということすら忘れている自分』が一番好きなのかもしれません」

頂きに立った者だからこそ言える言葉で、それは本書に登場する十二人すべてにあてはまる。

森まゆみ『東京ひがし案内』（ちくま文庫）にあった言葉。これはもう本当にその通りと、一人うなずいてしまった。嚙《か》みしめて何度か復唱する。

『東京ひがし案内』については、文庫カバーにある解説を借りてしまおう。

「東京の東側に魅かれるという著者が歩くのは神保町、浅草、日暮里、三河島、根岸、三ノ輪、町屋など38箇所。街を見下ろす大木、朽ちた古井戸、寺社、庭園に思いもかけない物語がある。そこでの歴史を知ることで陰影のある風景が浮上する」

楽して儲けている人に近づくと勤労意欲が萎える

森まゆみ

東京ならびに周辺の都市以外に住む方には、東京にも「ひがし」「にし」の区別があるのかと聞かれそうだが、これはあるのだ。皇居を東京の中心と見た場合、大部分が江戸市中にすっぽり収まる「東側」と、関東大震災以後に急速に発展した「西側」とでは、歴史も住人も気風も違う。

私は上京組の「西側」派で中央線沿線に長らく住む。北千住や亀戸など「東側」は遠く感じられる。巻末の座談会で、「私には中央線文化というのが欠落しているね。だから、西のほうには行けないんですよ」と森は言っている。二〇一二年刊の『千駄木の漱石』（筑摩書房）はじめ、森が愛し、研究を続ける作家、森鷗外、樋口一葉ともに「東」の人で、「西」は多く新参者が住んでいる。

だからこそ、私など「西」派には、この『東京ひがし案内』がおもしろく、新鮮である。先日も、この文庫を読みながら、中央線で西から東へ向かっているとき、「白山《はくさん》」の章でこの言葉に釘付けになった。「白山」とは小石川植物園の東側に位置する由緒ある町で、お寺も多い。森まゆみが暮らす町でもある。

森が外出して用事を済ませたあと、よく立ち寄る店として中華「兆徳」が紹介される。洛陽出身の店主がいる。料理がおいしいばかりではない。「店主の笑顔と一生懸命熱い中華鍋を強火で揺すっている職人さんの後ろ姿、メリヤスのシャツにすけて見えるしっかりとした背骨が見たい。働いている人を見ると自分も働きたくなる」と書いて、引用部に続く。

いいなあ、そうだなあ。近ごろ大手を振って世間のメインストリートを歩くＩＴ長者たちからは、もくもくと働く姿が見えない。どこか薄っぺらだ。

私はたまらなくなって、途中下車し、地下鉄を乗り継いで「兆徳」へ馳せ参じた。タンメンを注文し、カウンターに座り、「中華鍋を強火で揺す」る姿に魅入る。ほんとだ、店主を含め三人とも「メリヤスのシャツ」だ。もくもくと身体を動かして作られたタンメンは、めちゃくちゃ旨かった。また来よう。

振り返ると、レジの上に古今亭志ん朝の色紙。あの昭和の名人も、「兆徳」のファンだった。（註／その後「兆徳」はテレビで紹介されるなどして大人気となり、行列のできる店に）

私は詩人の杉山平一《へいいち》（一九一四〜二〇一二）に恩義がある。上京する前、大阪で仲間と同人誌を作っていたが、そのうちの一人が個人誌を出していて原稿を頼まれた。断るまでもないが、無料である。私は、ずっと暖めてきた小津安二郎の映画『麦秋』についての評論を、絵コンテ入りで書いた。それが、新聞の同人誌評に取り上げられ、大変新鮮であると褒められたのだ。筆者は、映画評論家でもある杉山平一。私はまだ何者でもなく、将来、文章を書いて身を立てることも考えていなかったから、杉山が陽を当ててくれたことに感謝した。お目にかかれないまま死去された。

歩くときに前に進めるのは、床の抵抗があってこそです

杉山平一

杉山は福島県生まれ、北野中学、松江高校、東京帝大とエリートコースを歩む。大学在学中、三好達治に認められ、雑誌「四季」へ参加するから、詩でもエリートだ。第一詩集『夜学生』（一九四三年）も評判となり、そこだけ見れば、何不自由なく、順風満

帆の人生を歩んだように見える。

ところが、彼を暴風雨のような災厄《さいやく》が襲う。父親が起こした尼崎精工という会社を受け継ぎ、戦後、経営に携わるも、資金繰りに行き詰まったところに台風による工場倒壊など難事が続き、破産宣告を受ける。身ぐるみをすべて剥がれるようなどん底を経験するのだ。著書『わが敗走』には、この時の有様を「以後十年、給料工賃、などの金融への奔走、手形のジャングル、労組との団交、債権者、町の金融業者や暴力団とのやりとりが、日に夜をつぎ、安穏の日とてなかった」と書いた。書き写すだけで胸が詰まる。幼い息子も相次いで失った。杉山の三十〜四十代は地獄だった。

杉山の弟子を自認する詩人で児童文学作家の杉本深由起が、「杉山平一先生の思い出」と題して講演、その筆記録が『帝塚山派文学学会』という紀要論文集に収録されている。杉本は杉山と身近に接し、師がもらした言葉をよく記憶している。たとえば、こんなことを言った。

「歩くときに前に進めるのは、床の抵抗があってこそです。そのように苦労をするというのは、逆にすごくエネルギーが出るものなんです。鳥が飛べるのも、空気の抵抗があるからです。規則や制服は、自由や思想を縛るものではなく、むしろ逆に生き生きさせるんです」

さすがは詩人で、そのまま詩になっている。また、この言葉の背後に、先に触れた会社経営の格闘を置くと重みが違ってくる。杉山の短い詩を一編引く。

「行く道は次々とふさがり／僕の胸は暗い石炭で一杯だけれども燃えるぞ／今に声をあげて燃えるぞ」（「ストーブ」）

杉山は「四季」派に属したが、いわゆる抒情的な星菫《せいきん》を謳《うた》う詩人ではなかった。汗と油にまみれ、涙し、地の底からふりしぼるように言葉を紡いだのである。

「人を殺すために秋葉原に来た。誰でもよかった」。取り調べでそう言い放った加藤智大死刑囚。秋葉原を歩いていた人々をトラックで撥《は》ね、ナイフで次々斬《き》りつけた。わずか五分の間に七人の命が奪われた。二〇〇八年六月八日の出来事だった。

私はその時、出たばかりの安野光雅『君は大丈夫か　ZEROより愛をこめて』（ちくま文庫）を読んでいた。そのタイトルを思わず呟《つぶや》いた。無防備のまま殺人の場面に遭

君は大丈夫か

新藤兼人

遇することはないか、と思ったわけではない。逆だ。自分は加藤死刑囚のように、突発的に無差別に他人に暴力を振るうことはないか、と我が心に確かめたのだ。

元の本は、もう二十年近く前に出ていて、タイトルは文庫では副題の「ZEROより愛をこめて」だった。この本で著者は、高校生のジュンという少年を想定し、彼に宛てた手紙として語りかけてるように書く。すでに評価の定まった古今の名作文学を、一度

「ゼロに戻して」考えることから、人生について、ものの考え方について語った本だ。

文庫化に当たって採用したタイトルは、広島市で毎年、成人式の出席者全員に配られる本に、広島市出身の方に言葉をもらおうと、映画監督の新藤兼人にお願いしたところ、書いてくれたのが「君は大丈夫か」だった。

著者はこれを「短い言葉なのに、何とたくさんの思いが込められていることでしょう。それは後から来る青年たちに、次の世代を『しっかり頼みたい』と思う、わたしたちの願いでもあります」と受け止めた。そして、旧著を新しく文庫に入れる時、これがもっともふさわしいタイトルだと考えた。

例えば、名作とされる太宰治『走れメロス』を先入観をなくして読むと、おかしいところがたくさんある。友を人質に、死を懸けて走るメロス。誰もが感動する友情物語だ。間に合わないかもしれない刑場にメロスは突入するが、著者はこう考える。

「なぜ盗んででも馬にのって走らなかったのだろう」。真に友情を考えるなら、そうすべきだった。確かにそうだ。事実、メロスは疲れはて、一度あきらめかける。

メロスは勇気ある立派な若者だ、という先入観で読むと真実を見誤る。彼は友情のために友の命を懸けた。そこに著者は疑問を持つ。「友情はとても気高いものだが、命はもっと大切なものだからだ」。むしろ『走れメロス』で教師が教えるべきは、「友情の美しさ」の前に「命の大切さ」ではないか、と『君は大丈夫か』を読んだ後は、そう思えてくる。

生きること、真実を探ることは、とかく難しいものだ。わかっているつもりでも、単純な落とし穴にはまる。そこで自分に問う。

「君は大丈夫か」

これは雑誌「暮しの手帖」編集長だった花森安治《はなもりやすじ》の言葉。一九六六年に書かれたもので、『一戔五厘の旗』(暮しの手帖社)という随筆集に収められている。春に、学校を卒業する若い女性に向けた言葉だが、ずいぶん厳しい。普通なら「世界はあなたのために手を広げて待っている」と、前途ある若者に景気をつけたいところだ。

しかし花森は、そうしない。ここで、三十三歳という若さで死んだ一人の女性編集部

世界はあなたのためにはない

花森安治

員の話をするのだ。林澄子、旧姓藤井澄子は、暮しの手帖社が初めて社員を公募した一九五七年に入社。一番の成績だった。彼女は二年後に結婚し、男女二人の子を産み、産休、育休をとって、そのつど職場に復帰してきた。昭和三十年代、女性は結婚あるいは出産を機に退職し、家庭におさまるのが一般的だった。

その仕事ぶりは「緻密で、きびしいので通っていた」。母親として、妻として、仕事

を持つ女性としてがんばったのは「ここで私が挫《くじ》けたら、後からくる女性の立場が、それだけ苦しくなるのよ、その意味でがんばらなければ」と言っていた。雇用や賃金における男女間格差の解消にようやく着手した、男女雇用機会均等法が施行されたのは一九八六年のことだった。

彼女が入社した十年後、暮しの手帖社の入社試験には、三名の採用に二百名もの応募があったという。ところが、筆記試験をすれば誤字脱字だらけ、おまけに面接をすれば、三分の一が「暮しの手帖」を読んでいない。あとは推して知るべし。ろくに雑誌も読まずに、雑誌社を受験しているのだ。林のときは、身上調書の「愛読する雑誌」という項に、美しいペン字で「映画の友」「ミステリマガジン」と書いた。ふつうならウソでも「文藝春秋」「世界」などと書くところ。逆にそれで花森の目に留まったのだった。

花森は女性が社会人になる心構え、厳しさを説く。

「世界は、あなたの前に、重くて冷たい扉をぴったり閉めている。それを開けるには、じぶんの手で、爪に血をしたたらせて、こじあけるより仕方がないのである」

林は本当に有能で「朝はみんなの食事の支度をし、主人の出勤の支度を手伝い、こどもの面倒をみてやり、しかも、暮しの手帖社に、九時十分か十五分まえには、必ず来ていた」。

仕事がうまくいかなくて、チームが落ち込んでいるとき、いつも明るい声で「さあ元気を出して」と励ましたという。

そんな林澄子が、死因は書かれていないが、突然逝ったのである。その無念、悔しさから、卒業したばかりの若い女性に、つい厳しい言い方になったのだろう。

しかし、この言葉は今も有効である。

またしても「いじめ」が原因と思われる自殺があった。二〇一〇年十月、群馬県桐生市で小六の少女が、首を吊って命を絶った。A子ちゃんは、父親の仕事の関係で転校を繰り返し、当時の学校で孤立していた。グループで食べる給食も、いつも一人だったという。同じ年頃の娘を持つ父親の身として、いたたまれない気持ちになる。

この一行は、鶴見俊輔『回想の人びと』（ちくま文庫）の、谷川雁《がん》を紹介した文章から拾った言葉。谷川雁は、戦後、東京帝国大学を卒業後、西日本新聞の記者になるが、九州の炭鉱で労働者を組織しクビに。詩人、左翼活動家として活躍し、評論集『原点が存在する』『工作者宣言』や、「連帯を求めて孤立を恐れず」などの言葉は、安保闘争の学生たちに影響を与え、吉本隆明とともに理論的支柱となった。一九六〇年代、光り輝く存在だった。

北がなければ日本は三角

谷川 雁

『回想の人びと』によれば、彼は戦中にも、学徒出陣で兵士となる友人に「たとえドレイになっても何かを語ろうではないか。イソップはドレイだった」と告げ、沈黙することを忌避した。事実、谷川は軍隊に入ったとき、上官の命令に反抗し、何度も重営倉《じゅうえいそう》に放り込まれたという。

学生たちが奈良でハンセン病患者の宿舎を作る活動を支援したときのこと。彼らは反対派の住民に取り囲まれた。その場にいた谷川が、「みなさんの同意を得ないうちは、ここに宿泊所をつくりません」と宣言。学生たちは、手分けして一軒一軒と反対派の家を訪問し、粘り強く説得を続け、ついに宿泊所ができた。

そこで谷川は「一歩しりぞいて、しかしあきらめないという姿勢」を自ら示した。そんな彼の原点となったのが、小学校の頃に出会った同級生の少女だった。

その子は「男の子から『きたない』などと誹《そし》られると間髪をいれず『北がなければ日本は三角』と言いかえして、相手をへこました」。

鶴見はとくに解説をしていないが、女の子の言いたいことは、つまり東西南北が揃って、初めて日本のかたちができあがっているわけで、世の中もいろんな人がいることで成り立っているということだろう。それをくどくど泣きごとを言うのではなく「北がなければ日本は三角」という謎のようなセリフで返して、谷川を驚かせた。

谷川は水俣《みなまた》の小学校において首席で、女の子のいたクラスの級長だった。疑うことなき優等生である。その足をすくったのが「北がなければ日本は三角」という言葉だと、鶴見は考える。谷川のスローガンの一つが「連帯を求めて孤立を恐れず」。まさにそれは、「きたない」と誹られた女の子が取った姿勢だった。

「孤立を恐れず」は、十代前半の少女に酷かもしれないが、しかし胸を張って、いじめっ子らに言い返してほしい。「北がなければ日本は三角」と。谷川には、この言葉をタイトルにした著書がある。

『MONSTER』『20世紀少年』『PLUTO』と、現代マンガ界にあって、次々と良質のヒット作を飛ばす浦沢直樹は、NHKのテレビ番組に登場した時「一億冊を売った男」と紹介された。これまで売った累計のマンガ単行本が一億冊だというのだ。

浦沢が原作者（勝鹿北星《かつしかほくせい》）と組んで発表したのが『MASTER《マスター》キートン』。主人公の平賀＝キートン・太一は、保険会社の調査員をしながら「西欧文明のドナウ河起源説」

「僕は一人ぼっちだ!!」

「それは、素晴らしい悟りだ。

それを知っていれば、誰だって許せる」

浦沢直樹

を研究する考古学者。日英のハーフ、イギリス国籍。オックスフォード大卒にして、英国の特殊部隊でサバイバル教官も務めたほどの格闘技、サバイバル術の達人でもある。しかし外見は気弱そうで、いつもスーツ姿のフェミニストなのだ。

そんな彼がいつも事件に巻き込まれる。「喜びの壁」という回は、スコットランドの古い村が舞台。聖フランチェスコ伝説の残る「喜びの壁」という崩れかけた壁の保存運動をする男がいる。五月三日の夜、この壁で奇跡が起こるという。そんな村の調査を保険会社に依頼され、出向くキートン。

そこに、家出をした少年がからんでくる。奇跡を待ちながら、男、少年とともにキートンは壁の前に立つ。少年が少しずつ家出の理由を話し出す。親友に裏切られ、ケンカをして、家を出てきたのだという。

「あいつが大好きだったから、どうしても許せないんです」

「今、彼を許せなかったら、一生、誰も許せなくなる」とキートン。

しかし少年は「僕は一人ぼっちだ!!」と叫び、絶望する。そんな時、壁の保存運動をしている男が少年に告げるのだ。

「それは、素晴らしい悟りだ。それを知っていれば、誰だって許せる」

誰だって同じように、みんな一人ぼっちなんだ。大人もそれは同じだ。少年にとっては他人ながら、年齢的に父親、そして祖父にあたる男二人から、人生のなんたるかを教えられる。

そんなキートンには、日本に暮らす父親と娘（妻とは離婚）がいる。時々は羽を休めるため、父親と娘とひとときを過ごす。「家族の瞬間」の回では、そんなつかのまの日本での生活を描く。

キートンの本望は、考古学に専念するため、どこかの大学にポストを得ることだ。しかし、望みを託した大学から、また講師の口を断られてしまう。

「学問はどこでもできる。便所の中でもな……」と、優秀な動物学者だった父親がいう。

「どんなことがあっても、ここが家なんだからね」と娘。

秋の夜、虫の音が響く庭を眺めながら、三人の家族がお茶を飲む。

「人生を無駄にしているような気がするんだ」と、思わず弱音を吐くキートンに、優しく父はこう言うのだ。

「なあ、太一、こうやって人生を無駄遣いするのも……素晴らしいことじゃないか」

なんだか、禅問答のようでもあるが、これは倉敷の古本屋「蟲《むし》文庫」店主、田中美穂さんの言葉。二〇一二年、お店をつくるまでと出来てからの日々をつづった『わたしの小さな古本屋』（洋泉社）が出た。せわしく、せちがらい世の中で、そこだけ時間が止まった、日だまりのような世界が広がっている。

田中美穂さんは、一九七二年に岡山県倉敷市に生まれた。高校卒業後、就職したが、

出来ることばかりが能ではない。出来ないからこそ出来ることもある

田中美穂

どうにも勤めが合わず二十一歳で辞職。辞めたその日に「古本屋をやろう」と決めて、その日のうちに不動産屋巡りを始めたという。開店資金はたった百万円。手持ちの四百から五百冊の本を並べて「蟲文庫」をスタートさせた。一九九四年のことだった。

いまは美観地区の一画に素敵な店を構えるが、最初に別の場所で始めた時は、家賃の安いのが取り柄な物件だった。「思いつきではじめてしまったような店」で、「ふらりと

入って来られたお客さんから『ここはなんで本がたくさんあるんですか？』と尋ねられたことがあったほど」だった。古本屋へ入って、それはないだろう。店を始めて十年ぐらいは、売り上げだけでは生活できず、並行してアルバイトもした。

「自営業なのに、勤め人のストレスまでしょいこんで」と、そんな低空飛行の日々を回想しているが、まさに田中さんは「勤め」に向かない人だった。

ある時、知り合いから、「あなたを見ていると、それを連想せずにはおられないのよ」と薦められたのが、小山清の短編「落穂拾ひ」。売れない作家である「僕」と、小さな古本屋を営む少女の交流を描く。そのなかで、少女が「わたしはわがままだからお勤めには向かないわ」というセリフがある。田中さんは、まさしくこれは自分のことだと膝を打つのだった。

昔の東京下町では、勤め人より職人や自営業の比率が多い、なんてこともあった。誰もかれもが会社員、という時代には、生きにくい人が出てきて当然だ。毎日会社へ通って、上役や同僚たちとつきあい、競争社会のなかで仕事をこなしていく。それができないと落伍者《らくごしゃ》の烙印《らくいん》が押される。そんなバカな話はないのだ。

冒頭に引いた言葉は、「心身の成長が遅く、愚図と言われ続けたわたしが、それでもこうして、なんとか世間と折り合いをつけられるようになるまでに得た、自分なりの人生哲学みたいなもの」だという。「投げやりでも開き直りでもない。ただ『とにもかくにも生きている』という実感」とも。

この本を読んでいると、それぞれの資質に合った、いろんな生きかたがあっていいんじゃないか、とつくづく思える。この先、金銭的に裕福になることなどあり得ないかもしれない。それでも、田中さんは「生きる」急所を、しっかりつかんでいる。

これは山田洋次・田中孝彦『寅さんの人間論』（岩波ブックレット）から拾った言葉。タイトルには「寅さん」とあるが、教育論専門の大学教授を相手に、山田が自分の撮った映画全般について語っている。そのなかに映画『同胞《はらから》』（一九七五年）の話が出てきた。

岩手県松尾村という寒村の青年団と、東京の劇団の職員の交流を描く。モデルとなった劇団「統一劇場」は、公演を地方の青年団が主体になって運営し、上演することを旨とする。そのため、青年団の話し合いに、同劇団職員・秀子（倍賞千恵子）が東京からやって来る。

ところがことは簡単ではない。青年団長は、酪農家の気の弱い好青年・高志（寺尾聰）だが、リーダーシップがなく、賛成派、反対派の意見が入り乱れ、会合は何度もお流れとなる。ネックになるのは高額な費用六十五万円（※当時公務員初任給が約八万円）。

もめるというのは大事なことなんですね

山田洋次

しかも、誰も公演を見たことがない。仲間は都会に憧れ故郷を捨て、何の夢も希望もない地元青年である高志は、劇団職員の秀子のことを信じていた。どうせ何もできないと思われている自分たちの手で、どうしても実現させたいのだ。

映画は、青年たちの姿とともに、積極派、消極派、シラケ派が紛糾する会合の様子をていねいに描く。そのことで、劇団の職員に山田は取材をすると「この、消極派の発言が必要なんだ」とベテランのオルグの人が言った。意外な発言だった。素人目には、積極派の意見を大事にし、押し通すことが大事な気がする。しかし、違うのだ。

賛成反対がもみ合う中で、公演の問題点が一つひとつ明らかになっていく、と言うのだ。うんともめて、「とにかくやろう」という結論が出たら、それは必ず成功する。なぜなら、予想される問題点はすでに出尽くしていて、クリアされているからだ。

逆にダメなのは、指導者がボス型で反対意見を封じて「だいじょうぶ、まかせろ」と言う場合は、ほとんど失敗する。話し合われなかった困難点が、現実の段階で次々と現われ、処理しきれなくなる。だから、『同胞』のように、気の弱い頼りない団長がボスの方がいい。そうかもしれない。

『同胞』では、やると決まりかかった時、消極派が「失敗したらお金が」と言い出して鎮火してしまう。その時、頼りないと思われた団長の高志が（もし失敗したら）「俺が牛《ベコ》を売って弁償する」と必死の形相で言い放ち、ついに公演に動き出す。感動的な場面である。不眠不休の青年団の努力により、公演は大成功を収める。借りた学校の体育館は満員となる。劇団員たちの歌を、青年たちは晴れやかな顔と涙で聞くのだ。この時、山田の言った言葉の意味が本当にそうだと思えてくる。

「もめるというのは大事なことなんですね」

SNSというつながり方には、大いに疑問がある。と、言いながら、私自身、ブログやフェイスブックをひんぱんに更新している。じゃあ、SNSにハマっているか、と言われればそれはどうか。ブログは新刊やイベントの告知宣伝活動の一環として、十年以上続けているが、コメント欄を設定していた時期、心ない匿名の中傷に嫌気がさし、コメント欄をはずし、ブログ自体を何度か休んだこともある。傷ついてまでやる価値はない、と思ったからである。

「物言わぬ支持者」を俺は支持する

つぶやきシロー

つぶやきシローというタレントがいる。一九七一年栃木県生まれ。栃木弁でぼそぼそと舞台で「つぶやき」、それで笑いを取る芸で人気者になった。一時期、人気が落ちて、名前を見なくなったが、この十年くらいか、またその声をテレビで聞くようになった。「世界ふれあい街歩き」（NHK）、「昼めし旅」（テレビ東京）のナレーターとしてである。

栃木弁での「つぶやき」ぶりは健在で、なんともいい味だ。

二〇一八年十月十五日付「朝日新聞」の「じぶん流@SNS」というコーナーに登場。興味深いことを喋っている。週刊誌の企画で、九年前からツイッターを始めた。「ツイッター＝つぶやき」だから、と「あるあるネタ」を毎日一つ、発信しているという。一例が「雨やんでいるのに、気付いたら自分だけ傘さしている時あるよね」。フォロワー数は百万近く、というから大したものだ。ただし言いっぱなしで返答はしない。最初はリツイートも見ていたが、悪口もあり、見なくなった。「こっちは顔を出してやっていて、そうじゃない人の相手をしてもしょうがない。時間の無駄」と思ったという。うーむ、本当にその通り。いいぞ!

気になる方は「朝日新聞」の全文を探し出して読んでいただきたいが、このつぶやき氏によるSNSへの対し方が、じつに健全で、参考になると思ったのである。同氏は寝るときはスマホの電源も切ってしまう。「もう受け付けません」「自分の時間です」と、自分を守る。これ、大切なことではないか。つながることにやっきになって、無制限に網の目を広げ、一日の大半を、その対応に費やしている人たちを見ると、「おいおい、大丈夫か」と声をかけたくなるのである。つぶやき氏は、最後にこんなことも言っている。端折らず紹介したい。

「リツイートの数も振り返らないです。悪口を書いてくる人もいるけれど、『物言わぬ支持者』がいるのが常。何も押さない人、リツイートもしない人がほとんどで、その『物言わぬ支持者』を俺は支持するから、押す人という狭い中の数字は、どうってことない。その評価が標本調査だとも思わないですね」

つぶやき氏は、愛知学院大学文学部の心理学科を卒業しているようだが、これほど明晰で、説得力のあるSNS論を私は読んだことがない。私にもつぶやき氏ほどではないが、多少の読者はいる。「物言わぬ支持者」を支持したい。

これは、童謡詩人まど・みちおの言葉。まどの評伝を書くため、取材していた作家の阪田寛夫が、こぼれ話を『戦友—歌につながる十《とお》の短編』所収「遠近法」の中で紹介している。まどは「ぞうさん」をはじめ「やぎさんゆうびん」「一年生になったら」など、誰でも知っている童謡をたくさん作った人物。阪田も「サッちゃん」ほか、いくつもの有名な童謡の作者であるが、名前はそれほど知られていないかもしれない。

絵は、早く言えば、まちがえばいいんですよ

まど・みちお

阪田の娘・内藤啓子が、『枕詞はサッちゃん』で身近に見た父のことを回想している。阪田は、一九七五年に『土の器』で芥川賞を受賞しているが、みなその名を知らない。童謡「サッちゃん」を作詞した、と言ってようやく「ああ、あの」と理解された。タイトルの「枕詞」とは、そういう意味を含んでいる。

童謡が素晴らしいと思うのは、「ぞうさん」にしても「サッちゃん」にしても、作者

が誰か知らずに、口ずさんでいること。「ぞうさん」など、祖母と孫が一緒に歌うこともできる。体に染み込んで、作者の方は消えてしまっている。

阪田は評伝を書くため、まどの詩について、細かな質問をくり返す。「ぞうさん」が、戦後まもなく動物園へ行ったところ、戦時中に動物は射殺・薬殺、あるいは餓死させられ、ゾウもいなかったという、まど自身の体験をもとにしていると阪田は考えた。しかし、まどはその説にうなずかなかった。次に会った時も、阪田は再びこの説を繰り返し、まどの了解を得ようとした。しかし、まどの姿勢は変わらない。そんなふうに「ぞうさん」を美しい話にすることを拒否したのである。

まどは目が悪かったようだが、絵を描くのが好きで「たまには目のレンズを休めたい」と抽象画を描いた。具象画のように対象を凝視し、写すことをしない。「絵を描く時くらいは本当に自由でありたい」と考えたからだ。絵を描き出すと夢中になって、気づいたら夜が明けていた、なんてこともある。「クレヨンを塗ったあとを、スポンジで力まかせにこするから画用紙が破れる。貼ったところがまた破れる。また貼って続けたくなるほど面白いらしい」と阪田は書く。

そしてこの言葉になるのだ。「絵は、早く言えば、まちがえばいいんですよ」。絵は「まちがえばいい」。つまり正しさなんてない、ということか。自分が描きたいように描く。その精神の自由さを尊んだ。「ぞうさん」にも意味づけは必要なかったのである。

まだ大阪在住の頃、二十代の私は、一度だけまど・みちおの背中を見ている。詩人の荒川洋治さんが来阪し、某所で講演をした。顔見知りだった荒川さんに挨拶《あいさつ》し、控え室に招き入れられた私は、舞台袖で椅子に座って話を聞いた。次の登壇者がまど・みちおで、やはり舞台袖に椅子に座って控え、その後ろに私が座ったのだ。とても優しい背中であった。

引用した部分だけでは、これがなぜ「名言」か、理解不能であろう。ゆっくり説明したい。

河野通和『「考える人」は本を読む』（角川新書）を読んでいて見つけた言葉。著者は、長らく「考える人」（新潮社）というクオリティマガジンの編集長を務め、同誌の休刊（ウェブマガジンへ移行）とともに新潮社を辞めた。編集長時代、週に一度配信されるメールマガジンに、本の話題を中心として、時々の関心を書き綴《つづ》っていた。本書は、そのうち二十五冊の本の紹介文を収めたもの。

モーハメド君、靴のひもが解けてますよ

モハメド・オマル・アブディン

『〆切本』『「本屋」は死なない』など、本や書店に関する読書もあれば、『スローカーブを、もう一球』（スポーツ）、『姉・米原万里——思い出は食欲と共に』（作家）、『ゴミが降る島』（社会）など分野もさまざま。新刊に限らず、『さもなくば喪服を』などは一

九八一年に出た文庫だ。河野は本と著者に寄り添う。そして、つねに「感動」がある。文章を読んで、その向こうに生きている人を感じ、胸が躍る。それが読書の基本である。

冒頭の言葉は、モハメド・オマル・アブディン『わが妄想』（ポプラ文庫）から。一九七八年スーダン生まれの著者は十九歳で来日。彼は目が見えない。しかし、恐るべき早さで複雑な日本語を習得する。来日してすぐ、アブディンを変えたできごとがあった。

視覚障害者の歩行訓練士・大槻先生。「きれいで若い女性」を想像していたら、現れたのは男性で、声の様子からすると「中年太りの見本のような体形をしたおじさん」。初対面の大槻はいきなり「モーハメド君、靴のひもが解けてますよ」と言った。目の見えない彼はいつも靴のひもをぐちゃぐちゃに丸めていた。「余計なことを言うな」と内心、腹を立てた。

しかし大槻は、その丸めた靴ひもを一瞬にして解き、こう言ったのだった。

「『モーハメド君、今から寮に帰りましょう。そして、靴ひもの結び方を練習しましょう』／ぼくはそれを聞いて、うれしさのあまり、こみ上げてくるものを感じた。おそらく、大槻先生はぼくの抱える最大の苦しみをわかってくれたのだろう」

つまり彼は「目が不自由だからといって、自分をどこかで甘やかしてきた」。その弱点を大槻は「靴のひも」に見た。「モーハメド君、きみはこの作業を十五年前にできてないとあかんかった。プライドが許さないのはわかるが、これが最後のチャンスだと思って真剣にやってくださいな」との声を受け、格闘すること三日間。ついに一人で靴のひもが結べるようになったのだ。

うれしさで胸がいっぱいになった彼は、こう誓う。「…ふんどしではなくて、靴ひもをしめてがんばるぞ」。盲目のスーダン人には、こんなユーモアもあった。なお、広島カープの大ファンだという。

日本住宅公団（現ＵＲ）が発足して、六十五年になるという。戦後の劣悪な住宅環境を改善するため、コンクリートの強固な建築物で、それまでの庶民の暮らしにはない新しいライフスタイルをもたらした。ＤＫ、ユニットバス、ステンレスのシンク、水洗トイレ……これは現在のマンションの原型となった。

『フォトアーカイブ　昭和の公団住宅―団地新聞の記者たちが記録した足跡』（智書房）

明日は今日よりきっとよくなる

長谷川一平

の編者・長谷田一平は、団地新聞の記者として、四十年にわたり日本の公団住宅を取材してきた。同著は、膨大なフィルムの中から貴重な記録写真を三百二十八点選び、解説を付したもの。取り上げられた首都圏の団地は、高島平、ひばりケ丘、高根台、常盤平ほか、いずれも高度成長期に建てられたマンモス団地。

入居当初の住居者は比較的高額な給料取得者で、平均年齢が三十六・四歳と若い。ところが二〇一〇年の数字で見ると、平均年齢が五十六・三歳で、六十歳以上がいる世帯が全体の四割近くを占める。団地内から子どもの姿が消え、商店はシャッターを閉め、老人の姿ばかりを目にするようになったのがこの十年だった。

「昭和の公団住宅」は違った。住民は自治意識が高く、各種集会をひんぱんに開き、運動会、パーティー、祭り、サークル活動、バザーなどで連帯し盛りあがった。公団住宅で組織された野球チームによる全国大会まであったという。各公団が自立し、一つのコミュニティとして成熟していたことが写真からもよくわかる。

驚くべきは子どもの姿だ。表情が豊かで、動きのある子どもは被写体としても魅力だったらしく、ワンパクたちの写真が多いのが本書の特徴でもある。砂場や遊具のある広場は押し合いへし合い、凧揚げ、メンコ、コマ回しなど、ファミコンもない時代、古風な遊びがまだ生きていた。紙芝居に群がる顔、顔、顔には、その中にかつての自分もいたんだと記憶が呼び覚まされる。

一九六九年四月の「千葉県柏市・豊四季団地」の写真は衝撃的だ。この年、同団地に入学した新一年生がグラウンドに集まるが、その数、なんと四百余名。着物姿の母親も含めれば、満員電車なみの混みようだ。「昭和の公団住宅」に見られる人間の熱気、活気は子どもが大勢いることで生まれている。編者は「明日は今日よりきっとよくなる――誰もがそう思っていた」と、昭和の団地が輝いていた時代を総括する。また「老若男女がお互いに支え合い、生きがいを感じることのできる〝協働社会〟構築のモデル」を、そこに見いだす。

なお、「団地横を走るSL」とキャプションのある一枚は、一九六六年埼玉県「与野団地」を背景に、煙を吐いてSLが走り抜ける。その力強く頼もしい姿は、そのまま「明日は今日よりよくなる」時代を象徴しているようだ。

「春は名のみの風の寒さや」（早春賦）と唱歌は言うけれど、三月中旬ともなると、日増しに春の訪れを感じられるようになる。三月二十日前後が「春分の日」。卒業式、入学式と春は別れと新しい出逢いの季節でもある。

暗く寒い冬を越え、暖かい春を待ち望む思いは、古来、詩に謳われてきた。この詩句はフランスの象徴派詩人、ポール・ヴェルレーヌ「冬は終りに」（堀口大學訳）の第一

どんなにさびしい心でも、
空気の中にちらばった
このよろこびには負かされる

ポール・ヴェルレーヌ

連からの引用。始まりはこうだ。

「冬は終りになりました。光はのどかに一ぱいに、／明るい天地にみなぎって」

それに続くのがこの行。春の光を「空気の中にちらばったこのよろこび」と表現している。

しかし、よく知られているようにヴェルレーヌの生涯はさんざんだった。少年詩人・

ランボーとの同棲と破局、教師時代にも教え子の美少年と駆け落ちし、彼の死に絶望し、堕落した日々を送る。牢にも何度か入っている。最後は無一文、病院暮らしの末に命を果てた。享年は五十一。

このヴェルレーヌの誕生日が三月三十日。日本で言う「春分の日」に近い、春の日だった。春の光の中で生まれた詩人が、春の訪れを祝福する詩を書いた。そして、冬のさなか(一月八日)に死んでいった。そう考えて「冬は終りに」を読むと、もう少し味が複雑になってくる。

『万葉集』には春の訪れを詠んだ歌がたくさんあるが、たとえばこんな一首。

「もののふの八十乙女らが汲みまがふ　寺井の上のかたかごの花」(大伴家持)

「もののふ」とは大伴家を指し、「八十乙女」は「やそおとめ」と読み、たくさんの少女たちの意。「かたかご」は「カタクリ」の古語とのこと。大意は、大伴家の少女たちが、寺の井戸へ水を汲みに来たところ、井戸のそばに咲くカタクリの花に目をとられ、水を汲むのを忘れてしまった、ぐらいの感じか。

水汲みは冬にはつらい作業だ。春の訪れを知らせる「カタクリの花」を発見することは、少女たちにとって、さぞうれしかっただろう。花を前に、若々しい声を挙げ、にぎやかな様子が目に浮かぶ。

志村ふくみは、自然の植物から色を抽出し、それで布を染め、織り上げる染織家。『色を奏でる』（ちくま文庫）という美しいエッセイ集に「野草の音色」という、春の訪れを自然の中に発見する一文がある。

「雪の多かったあとに訪れた京の春は、緑が目にしみるようだ」と語り出す。畑にはびこった野草も、彼女の目には糸を染める色の饗宴に見える。また、「そら豆が夜のうちに、ぷくっと莢《さや》の中でふとる。草むらではほたるぶくろが白い提灯をさげる。季節は夜のうちに大働きしている」と書く。

春は人の心と植物までも暖かくさせるのだ。

鎌倉の古い木造二階屋で暮らす四姉妹を描いた人気のマンガが吉田秋生《あきみ》の『海街diary』。原作のマンガも読んだし、映画化作品（是枝裕和監督）も見たが、どちらもじつにいい。人の心の微妙で細かい部分に分け入って、海の波が静かに寄せるように、ひたひたと温かいものが満ちてくる。そんな作品である。

「四姉妹」と最初に書いたが、じつはこれがなかなか複雑である。上の三姉妹の両親は、

きれいなものの力ってすごい

吉田秋生

幼い頃に離婚。父親が家を出て、のち母親も再婚し同じく家を出た。残された祖母と三姉妹が古い木造二階屋を守って暮らし、祖母亡き後は、長女が母親代わりで妹たちの面倒を見ている。そんな中、父親死去の知らせがあり、自分たちに腹違いの妹がいることを知る。周囲に気を遣い、健気に生きる中一の妹すずを見た三姉妹は、彼女を鎌倉の家に迎え入れるのだ。

この複雑な人間関係を、著者は説明過多にして白けさせたりせず紹介しながら、鎌倉の風物と姉妹を取り囲む人たちをたんねんに物語の中に融け込ませていく。熟練の技である。長女の幸《さち》（しっかり者）が病院勤務ということもあり、病気や死、そして別れが『海街diary』を染め上げる。随所に挟まれるユーモアと、鎌倉の四季の移ろいは、マンガ（映画）ならではの「絵」で見せる力で、読者を心地よい淋しさ、生きる喜びで充たすのだ。

鎌倉にも、通う学校や周辺の人々にもすっかりなじんだ末妹のすずだが、第六巻で新たな展開があり、故郷の金沢に姉たちと向かう。すずの実母（故人）の供養と遺産問題で、祖父母と家族に会うことになったのだ。祖父母と家族は、すずを手厚く遇するが、強欲な親戚との間に遺産問題でこじれる羽目になり修羅場が起きる。こじれさせた張本人たちが帰り、殺伐とした空気の後、祖父母が、すずに振袖を着せる。それはすずの母（祖父母にとっては娘）が成人式の時に作った着物であった。

母も着た加賀友禅を身にまとう中三になったすず。その姿に、皆の心と顔がほころぶ。

「いやあ―― かわいいじ！ なんかこう…… パッと花が咲いたみたいや！」と加賀弁で寿ぐ祖父のセリフが、一同の気持ちを代弁する。カメラで記念写真を撮ろう（祖父は「写真機」と呼ぶ）ということになり、改めてすずの着物姿のインサート。そこで姉妹は「でもほんと　すず似合うよ！」（三女）、「うん」（次女）、「すごくいいわ」（長女）と気持ちをリレーする。その姿を見たすずは思うのだ。「お姉ちゃんたちのムカつき線がいつの間にか消えている」。そして冒頭に引いた言葉。

「きれいなものの力ってすごい」

「美」は、水や食べ物のように、直接は生命維持には役立たない。しかし、それがないと人間に血は通わないのだ。

平成の三十年間が終わった。昭和から平成に切り替わる前後、バブルの時代があったが、以後、災害を除けば無風に近い時が過ぎた。二〇一九年五月十三日付の朝日新聞「取材考記」で、記者の大西赤人が「芸術も風俗も社会も　平成＝『フラット化』この先は」という記事を書いている。「平成」をひと言でいえば「フラット（平面）」であった。暮らしを見ても、チェーン店拡大と大型ショッピングモール進出で、日本中どこへ行っ

はいってしまえばなんとかなるわよ

壺井　栄

ても「どこの街でも等質な空間で消費が楽しめるようになった。シネコンしかり」。「デジタル」時代はその象徴で、情報も消費も均質化を加速させた。携帯電話も「お弁当箱のようなサイズから、まさにフラットなスマホになった」という指摘には、思わずうなった。

物価上昇の一つの指針となる国家公務員（上級職）の初任給の推移を見ると、一九六

五年は四月の一万九千六百十円が十月に二万千六百円にと年内に昇給し、以後、毎年アップして七四年には七万二千八百円と、十年間で三倍以上も昇給している。これが平成に入って、ピタリと止まってしまう。一九九四年の十七万九千二百円が、二〇一三年に十八万千二百円と微増したに過ぎない。平成は給料も「フラット」だったとわかる。

だからどうしたんだ、と言われると、じつは私が古い映画や小説を観たり読んだりする際、気になるのが物価であり、昔十円だったものが、現在の物価換算で幾らくらいになるかをいちいち推量してみるのだ。ところが、ものによって物価のばらつきがあり、なかなか正確には割り出せない。そんな時、いつも「座右の書」として手許に置き、参照するのが週刊朝日編『値段の明治・大正・昭和風俗史』(朝日新聞社、一九八一年)。いろんなものの値段を約百年にわたって調査し一覧にする。「アンパン」「汽車賃」「大工の手間賃」「ビール」等々である。また、作家や著名人が、それぞれについての思い出をエッセイで執筆している。

「家賃」の項で作家の佐多稲子が「家賃、と考え出すと今でも胸が切なくなる」と苦労話を書いている。夫婦ともに左翼活動をして、貧乏所帯。ずっと借家住まいだった。昭和三年に八円の長屋にいたが、それが払えない。払えないと「出ていけ」となり転宅が続く。借家人は弱いが、同時に強い。戦争末期に疎開を考え、家を探していたところ、仲間の壺井《つぼい》栄《さかえ》が庭の広い門のある一軒家を見つけてくれた。ところが家賃三十円と高い。現在の八万円ぐらいか。二の足を踏んでいると、壺井が言った。「はいってしまえばなんとかなるわよ」。貧しい時はこの気構えが必要だ。事実、なんとかなった。物価上昇恐れるに足らずと、佐多は教えてくれる。

明日咲く言葉の種をまこう

陽光輝く夏の日

マンガにも名言がある。マンガといって、はなからバカにする人はもうこの世にはいないと思うが、もちろんバカにしては損をする。文学、音楽、映像などと同じ。つまらないものもあれば、いいものもある。だからジャンルとして下に見るのはおかしい。

松本零士《れいじ》『銀河鉄道９９９』は、テレビアニメになり、アニメ映画になり、ずいぶん知られるようになったが、やはり見るべきは原作のマンガだろう。テレビも映画も、主

まず食べなさい。それからが男の戦いよ

メーテル

人公の鉄郎が二枚目に描かれていた。それではいかんのだ。主人公の性格を投影した、冴《さ》えないブ男だからこそ、『男おいどん』に代表される松本ワールドが成立する。

宇宙を翔る蒸気機関車「９９９」に乗車して旅をする鉄郎とメーテル。「次元航海惑星」の巻では、星の海を航海するが、やがて困難な事態にぶつかる。しょげる鉄郎。こういうとき、いつも人生の教師として、あるいは母性を発揮する女性として、メーテルが教

え諭《さと》す。そこでこのセリフ。

「まず食べなさい。それからが男の戦いよ。気が動転してなにも食べられない人にくらべたら、たとえふるえながらでも食べる人は、食べない人より生き残る可能性がうんとたくさんあるわ。エネルギーは気力をささえる。それも勇敢な男の気力をね……」

何かアクシデントがあったり、大きな失敗をしでかしたときは、食事が喉を通らなくなることはよくある。ただ沈んで、背をこごめ、心のカーテンを閉め黙り込む。

それではいけない、とメーテルは言う。とりあえず、まず食べること。食物の摂取は、内臓の運動をうながし、血液の循環を促進し、身体《からだ》を暖める。活力の源となるのだ。これは生きとし生ける者の絶対的な基本である。

落ち込んでいるときこそ、無理矢理でも何かを口に入れること。これを実行できる人は強い。

永島慎二『フーテン』に、詩人のコートさんのこんなセリフがある。

「人間って動物は……おかしなものでね。十人よれば十人がそれぞれちがったところで潔癖な面を持っているようです」

フーテン仲間の悟一は、じつは財閥の息子。親に連れ戻されそうになり、自動車事故に遭い死ぬ。マンガ家のダンさんは、金持ちなのにフーテンになる気持ちがわからない、という。

「彼はねダンさん。自分の身を落とすことによってあたりまえの人間になろうとしてたんですよ」

これがコートさんの答えだ。「あたりまえの人間」として生きることがいかに大切か。そのためには死をも懸ける。激しい生き方だ。しかし、その激しさで生きたとき、人生の長い短いは関係なくなる。

永島慎二がマンガという表現手段で描こうとした世界。こんな時代だからこそ、いま重要に思えてくる。

私は一九五七年三月二十八日生まれ。今年（二〇二〇年）、六十三歳になる。同じ年に二十日早く生まれたのが多田謠子。職業は弁護士。自由と人権を尊び、権力に伏することなく闘う人や団体に贈られる賞に、その名が遺《のこ》されている（多田謠子反権力人権賞）。彼女は一九八六年の十二月、二十九歳という若さでこの世を去った。弁護士になって二年足らずだった。

私は、私の敵と闘い続けるわ

多田謠子

亡くなった年の年賀状に書かれていた文面は以下の通り。

「私は、私の敵と闘い続けるわ――と言い続けて、一六年がたったような気がします。／その間、私の敵は、何度も、見え隠れしましたが、敵は敵。／また、のんびりと、闘い続けたいと思います」

しかし、彼女を追悼する『私の敵が見えてきた』（編集工房ノア）を読むと、「のんびりと」とはいかなかったようだ。まるで早い死を覚悟したかのような、まっしぐらに駆け抜けた短い一生だった。

多田謠子の父は高名なフランス文学者・多田道太郎。娘の謠子は幼い頃から利発で、三歳にして文字が読めたという。「勉強が良くできて、大人の人とものおじしないで話ができた」と、小学校の同級生は回想する。その利発さゆえにいじめられ、教師からも厭《いと》われた。

しかし、同時に彼女の早熟な愛らしさは、大人を含め、多くの人に好印象も残している。小学六年生のとき、被差別部落を舞台にした住井すゑ『橋のない川』(新潮文庫)を読み、差別を知りショックを受けた。これが彼女の覚醒だろう。中学の頃から反戦運動にかかわり、ついたあだ名が「ベトナムおばさん」。

一浪して入学した京都大学でも、「竹本処分粉砕闘争」の中心にいて、弁護士を目指そうと決意。猛勉強の末、一九八二年に司法試験にパスし、修習生として弁護士の道を一歩踏み出す。「彼女の清新な発想と行動は、次の任地と昇給のことしか頭にない裁判官には極めて衝撃的」で、「多田ショック」が東京地方裁判所に走ったと弁護士の林陽子が書いている。「手抜きのできない人」とは、同期修習生の言葉。

一九八五年、東京国際合同法律事務所で働き始める。同事務所初の女性弁護士だった。入ってまもなくから「北富士闘争」「三里塚闘争」「浅草橋闘争」など、時代のうねりのなかで国家から弾圧された活動家たちを献身的に支援し始める。多田謠子は闘う弁護士だった。そのためオーバーワークとなり、彼女の体力を奪っていく。

十二月十八日、肺炎のため東京小原病院にて死亡。そう書けばたった一行の事実だが、『私の敵が見えてきた』に多数収録された友人、知人による慟哭《どうこく》の文章に涙する。

会ったこともない同い年の女性が、いま、私のなかでは生きている。はたして、自分は「私の敵と闘い続け」ているだろうか？　そう問い続けて、生きてゆきたい。

二〇一五年、ノーベル生理学・医学賞を北里大学・大村智《さとし》特別栄誉教授が受賞された。氏はつねにビニール小袋を携帯し、出先のあらゆる場所で土を採取、そこから微生物を培養分離していたそうだ。愚直で地味な積み重ねが世界的な研究成果を導いたのである。

故・多田富雄の回想記『残夢整理—昭和の青春』(新潮文庫)を読むと、多田もまた若き日、千葉大学医学部の病理学教室で、ウサギの鼻に穴を開け、卵白を注射する実験

戦うには自分の欠点を逆手にとって、相手を圧倒するほかない

橋岡久馬

を続けたという。ウサギ小屋へ通う日々を、同僚たちは「兎さんのお医者さんごっこ」とからかい笑った。

一年以上、「お医者さんごっこ」を続けた頃、あるウサギに異変が起こった。「免疫系が自分のDNAに対して抗体を作って攻撃する自己免疫疾患の典型」がそこに現れたのだ。多田はのちに、新細胞を発見し、免疫学界に衝撃を与えた。

医学界の各賞を受賞し、文化功労者ともなり、光の当たり続ける多田にストップがかかったのは二〇〇一年五月。滞在先の金沢で脳梗塞を起こし、重い障害が残った。右半身不随で車椅子生活を余儀なくされ、声も失った。死も考えたという。それでもかろうじて動く左手で執筆活動を続け、戦った。

『残夢整理』は、死の年に書き上げられた。そこには、生涯に出会った自分にとって重要な人たちの生、そして死が刻み込まれている。多田は新作能を手がけるほどの「能」通であったが、本書にも橋岡久馬《きゅうま》という能楽師が登場する。多田とは四十年を超えるつきあいがあった。

学生時代、多田は観世寿夫と人気を二分する若き能楽師・橋岡久馬の舞台を見て、異様な感動を受ける。静止の美しさを絶対条件とする能舞台で、橋岡の痩せた身体は「直立しても体は不安定に揺れていた」。のちに知るが、橋岡は結核手術で片肺を失い、「能楽師として一番大切な呼吸機能と立ち姿の美しさを失った」。致命的な身体的欠陥を乗り越えて舞台に立つが、同業者の長老たちの偏見と批判の的となったのだ。「芸が駄目だ。体が駄目だからね。まともに見ていられない」と非情かつ手厳しい。

橋岡は、厳格に伝統を守る「能」のスタイルを捨て、異端とも言える「古格」に立ち戻ることで真髄を極める道を選んだ。全否定の評価のなかで「弱点を隠そうとすれば、ますますひどく侮蔑されるのがおちだ」。そこで橋岡は肚を据えた。「戦うには自分の欠点を逆手にとって、相手を圧倒するほかない」と考えたのだ。

死の病を圧し、二〇〇三年国立能楽堂で一時間に及ぶ独吟「東国下《とうごくくだり》」を橋岡は謡い切る。舞台を去る八十歳の後ろ姿に、観客は「惜しみない拍手を」送り、能楽界から再認識された。

欠点を逆手にとった勝利であった。

ケン・ローチ監督『わたしは、ダニエル・ブレイク』（二〇一六年）は、カンヌ国際映画祭でパルムドールを受賞した。イギリス北東部の工業都市ニューカッスルが舞台。長年大工として働いてきたダニエル・ブレイク（デイブ・ジョーンズ）は、六十前後くらいの設定か。介護していた妻に先立たれ、アパートで一人暮らしをする。短髪で怒りっぽい性格。元大工で手先が器用とあって、趣味でモビールなどを作っている。

人間だ、犬ではない

「わたしは、ダニエル・ブレイク」

心臓病を患い働けなくなったため、国からの援助を受けようと役所へ出かけたが、担当者は規則一点張りで、かつ制度の仕組みは複雑極まりない。腹を立てて抗議するダニエルを職員は冷たく突き放す。

申請書がネットによる登録というのも困る。パソコン音痴のダニエルは、そのため苦慮し、パソコンが使える場所に行って試みるも失敗（エラー音）する。イギリスの福祉政策が実際にそうなのか、馬鹿げた回り道を市民に課し、驚くほど不親切である。申請を拒《こば》めば罰則がある。

役所で、時間厳守をタテに申請を受け付けてもらえない母子が、困りきって放り出されようとしていた。シングルマザーのケイティと二人の子どもの家族だった。ロンドンでホームレスの宿舎にいたが、アパート住まいをするためニューカッスルにやって来た。孤立し、貧しいケイティをダニエルは見かねて助ける。そこから、ケイティの家族と交流が始まる。大工のダニエルは、ケイティの住むアパートの補修を引き受け、ひんぱんに足を運ぶ。このあたりの描き方が非常にリアルで、イギリスという国が抱える格差と貧困の問題が如実に表れる。どこかの国とそっくりだと思うはずだ。

話の都合上、最後のネタばらしをするが、ダニエルは心臓発作で急逝する。援助と励ましを受け続けたケイティが、貧困者の福祉問題を解決する弁護士を紹介し、やっとダニエルの道に光明が見えた矢先のことだった。教会の葬式（一番安価な曜日と時間）で、ケイティが、ダニエルが提出するはずだった申立書を朗読する。

「私は依頼人でも、顧客でも、ユーザーでもない。怠け者でも、たかり屋でも、物乞いでも泥棒でもない。国民保険番号でもなく、エラー音でもない。きちんと税金を払ってきた、それを誇りに思ってる。地位の高い者には媚《こ》びないが、隣人には手を貸す。施しは要らない。私は、ダニエル・ブレイク。人間だ、犬ではない。当たり前の権利を要求する、敬意ある態度というものを。私は、ダニエル・ブレイク。一人の市民だ。それ以上でも以下でもない。ありがとう」

力強いメッセージが人間の尊厳を思い出させる。

米国から戦闘機一兆円を購入し、国民には老後二千万円を用意せよという国に、人間の尊厳はない。

海辺の町・神奈川県茅ヶ崎で晩年を過ごした開高健の記念館を訪ねたことがある。駅南口を出て、まっすぐ南下すると、一キロ強で湘南海岸へ出る。空が広く、海面は輝き、潮の匂いがする。海辺に近い町にこれまで住んだことがないので、せいせいした気分になるのだ。湖南住まいの人に聞くと、「塩で鉄のものは何でもすぐ錆び付いちゃうのよ」と、それなりに大変そうだが、まあ海を庭とする者にとっての税金みたいなものだ。

挑むのではない、待つのでもない。波そのものになる

ジェリー・ロペス

町を歩いていると、平日昼間でもサーフボードを抱え、専用スーツを着た人に出くわす。波とたわむれた帰りだろうか。なかにはリタイアされたような、けっこうお年を召した方もいて、海と人生を楽しんでいるなとうらやましく思ったものだ。私は波乗りには、あらゆる意味でまったく縁はないが、サーフィン映画ともいうべき、ジョン・ミリアス監督『ビッグ・ウェンズデー』は好きで、DVDも持っている。

ウィキペディアを参考にすれば、こんな映画。一九六〇年代初め、カリフォルニアの海辺の町で、サーフィンに興じる若者がいた。ヒーロー視されているマットと仲間は、水曜日にやって来るという世界最大の波「ビッグ・ウェンズデー」に挑戦することを夢見ていたが、ベトナム戦争の徴兵で散り散りに。戦後、帰還した彼らがいよいよ「ビッグ・ウェンズデー」に波乗りする日が訪れるのだが、襲いかかる絶壁のような波に果敢に挑む姿が、ほかでは味わえぬ興奮をもたらす。

このサーフィン映画に、サーファーの著名人として実名で登場するのがジェリー・ロペス。世界中のサーファーにとって、常に憧れの伝説の人だ。と、言いつつ私はこの映画で初めて知った。一九四八年ハワイ生まれで、七十一歳のロペスは、今も現役サーファーだ。雑誌「コヨーテ」が、かつて彼を特集したことがあり、そこで初めて、単なる波乗りおじさんではないことを知った。彼は十歳でサーフィンを始め、いい波を探して旅をしたと言う。サーフィンをするためには頭を空っぽにすることだと語る通り、非常に思索的な人物であった。ヨガを体得し、「禅」のサーファーとも呼ばれている。

そんなロペスがサーフィンの奥義について、こんなふうに言った。

「挑むのではない、待つのでもない。波そのものになる」

何でも人生に結びつけるのは、私の悪い癖だが、そこを許してもらえれば、この姿勢と境地は生きる術《すべ》としても有効に思えるのだ。

実際、ロペスはサーフィンを人生と同じと捉えていた。「サーフィンという難しく、時間がかかるスポーツを続けることができる人間は、何をやってもうまくいくはずだ」などという彼の言葉もある。そう言えば、人生が万事うまくいくことを「波に乗る」と表現する。

以前BS放送で「ありがとう」第三部が再放映され、毎日とはいかないが、懐かしくて何回か見た。石井ふく子プロデューサー、平岩弓枝脚本、主演が水前寺清子、その母に山岡久乃、男友だちに石坂浩二と第一部から名前や設定は変われど、この三人は不変のメンバーで、最高視聴率五十六・三パーセントは、民放ドラマ史上最高。いまだ破られていない。

家族の中にサスペンスがある

石井ふく子

水前寺は、第一部が婦人警官で名は「光」、第二部が看護婦（と当時は言った）で「新《あらた》」、第三部が魚屋で「愛」と名を変えながら、母と二人暮らしの男まさりという同じキャラクター。とにかく出演者が豪華で、並のドラマが三本作れるほどのベテラン、芸達者がひしめきあっている。開始は一九七〇年。

昔は家族でこのドラマを毎週、楽しみに見ていた。うちの死んだ親父がチータのファンで、「ありがとう」を見ながらよく泣いていた。子ども心に、泣くような場面じゃないけどなあ、と思っていた。ロケはなく、すべてセット内で進行し、二十人ほどの主要な出演者だけが行ったり来たりして言葉を交わす。大きな事件は起こらず、話題はほぼ人事（人に関すること）である。

それだけで毎週、老若男女を惹き付ける番組を作ってきたということに驚きを感じるのだ。人が人を思い合う。一日がそれだけで暮れていく。そこにすれ違いや勘違いがあっても、最後には必ず和解する。昨今のドラマが不自然なほど特異な設定、必要以上に劇的場面を作り出すことに閉口している視聴者だっているのだ。

プロデューサーの石井ふく子は、「ありがとう」のほか、「女と味噌汁」「渡る世間は鬼ばかり」など、親子、兄弟、同僚など、身近な者の小さなコミュニティだけに焦点を当て、ドラマ作りをしてきた。あるテレビ番組で取材を受け、石井はこんなふうに話していた。

「サスペンスや殺人を取り上げたくない。ドラマは茶の間に入っていく。子どもが大人と見るから影響力が大きい。『古い』と言われても『家族』のドラマを作りたい。家族の中にサスペンスがある。それは解決できないサスペンスである」

「ありがとう」の成功は、歌手・水前寺清子の新鮮かつリアルな演技に負うところが大きい。石井ふく子は人気絶頂の水前寺を、歌謡番組の司会で認め、準備中のドラマ「ありがとう」への出演を乞うた。超多忙の水前寺は拒んだ。局のトイレの出待ちをして四回目、「あなたが出ないなら、この企画はあきらめる」とまで言われ、ようやく水前寺は首をタテに振ったのである。月に二回しかない休みを、ドラマ録りに当てた。リハーサルは当人抜きの代役で行なわれた。すべて本番一発録りで大役をこなしたというからすごい。ここにもサスペンスとドラマがある。

写真家でノンフィクション作家の星野博美の言葉だ。ローアングルから香港のいまを伝えた『転がる香港に苔は生えない』（文春文庫）で大宅賞を受賞した彼女は、香港で暮らした体験を引っさげて日本へ戻るが、そこに違和感を感じる。なにもかもあっさり手に入れて、そのことに不自然さを感じない人種がいた。この言葉が使われたエッセイ集『銭湯の女神』（文春文庫）は、そんな日本で感じた「違和感」がビビッドに表現されている。

癒しの先には何もない。ただ、ストレスをはね返すより楽なだけだ

星野博美

どうしたら写真家になれるかと問う若者がいる。ボタンを押せば結果が表れるかのように、なんのてらいもなく聞く。そこで星野はこう書く。

「何かを手に入れるためには何かを手放さなくてはならない。簡単に手に入るものに、重要なものは何もない」

おそらく、この言葉の真意も、質問した若者にはじゅうぶんには伝わらないだろう。それほど日本人の感受性は鈍感になっている。その表れが「癒し」という言葉の、あまりに安易な濫用《らんよう》だ。

私は、相手が誰であれ、この言葉を無自覚無批判に発し、あるいは文章のなかで書かれてあるのを見たとたん、シャッターを閉める。以後、まったくその人のことを信用しなくなる。それほど致命的な言葉だ、「癒し」というのは。「癒し」は音では「卑し」に通じる。「癒し」という言葉を無批判に使う人は、ほんとうに心の治癒を求めているわけではない。三十分、足裏マッサージにかかれば代替できることを「癒し」という言葉にすりかえているに過ぎない。それも自己愛という名の甘い着ぐるみにくるまって。

同じように蔓延《まんえん》する気味の悪い言葉が「私探し」だ。もう一人の自分に出会うために旅に出る……などという見出しが、でかでかと女性誌に飾られる。本気かね、と思う。ここにも自己への過大に膨張した幻想が感じられる。発生源は「癒し」と同じだ。それほどのもんかよ、あんた、と毒づきたくなるのだ。癒されたり、探されたり、昨今「私」も忙しい。

みうらじゅんがこれについてはうまいことを言っている。いとうせいこう・奥泉光『文

芸漫談　笑うブンガク入門』（集英社）のなかで、いとうが、みうらの言葉として紹介しているのを読んで笑った。

「ひとは、『私探し』じゃなく『私なくし』のためにこそ旅に出るんだ」

どうりです、名言でしょう。ひとり旅に限った話だが、ひごろ住み慣れた街を離れ、自分のことをまったく知らない街、人々のなかに身を置く。そこで匿名性を手に入れる。名前も肩書きも属性も失った、誰も知らない自分がそこにいる。安部公房はしばしば好んでこれを主題に戯曲や小説を書いた。「私なくし」は快感なのである。

「私ってさあ、○○な人なの」。四十を過ぎて、分別もなく「私」という幻想に振り回されている人よ。早く目をさましなさい。

博学で知られる丸谷才一が、その存在を知らなかったことを「わたしは恥ぢた」と二度も繰り返した。

一九七四年十月「朝日新聞」紙上の「文芸時評」でのことで、取り上げたのは『天野忠詩集』。

このとき六十五歳だった老詩人の詩業を集めた全詩集を、丸谷はていねいに読み、「まことに洗練された言葉の藝である。ここでは、生の憂愁が、完璧な技法と都会的な節度で歌はれてゐる。かういふ優れた詩人が同時代にゐるのを、知らなかつたとは、とわたしは恥ぢた」と絶賛した。

さりげない精神の中心から いっ気に打つ

天野　忠

しかし無理もない。一九〇九年京都生まれで、作品は主に関西の同人誌に発表され、めったに関西圏の外へ出ないマイナー詩人だから。ところが老年になって発表された詩は、老いや死の予感を漂わせつつ、ユーモアを含んだ独特の境地を描き、多くの読者をつかんだ。『なんでもないこと』にひそむ人生の滋味を平明な言葉で表現し、読む者に感銘をあたえる」とは、天野の随筆集を編んだ山田稔《みのる》の言葉だが、これはそのまま詩にもあてはまる。ここに引いたのは「法」という作品から。

「蠅叩きで／蠅をぶち殺すために身構える。／身構えかたが／ほんのちょっと不足してもその一瞬を／蠅は生きる。／蠅は／叩く奴の身構えを／針のように見抜いている。／その針を覆うように／ゆっくりやや無意味な高みに向って／自然の呼吸のように兇器を繰り出し／さりげない精神の中心から／いっ気に打つ。至極穏当なこれが世に行われる／殺戮の法である」

うるさい蠅《はえ》を、蠅たたきで殺す。ちょっと前まで、どこの家でも見られた光景だが、それを天野はさらりとすくいあげ、しかも逃げやすい蠅を打つ一瞬の力加減を「さりげない精神の中心」と言ってのけた。それを「殺戮《さつりく》の法」と、禍々《まがまが》しい表現にしたのは、殺戮を繰り返してきた人間社会への批判があるからだろう。しかし、それをあくまでさらりと書き上げるところが天野の詩の身上なのだ。また、ことをなすにあたって、力こぶを入れるとかえって失敗する、という教えもここに含んでいる。

天野は生来の虚弱体質で、徴兵検査でも不適格で落とされた。とても長生きできる身体ではなかったが、無事に生き、八十四年の生涯をまっとうした。その死の間際まで詩を書き続けたのだった。

中学生のときのあだ名が「若年寄り」だったというが、年を経るごとに、天野の詩も文章もふんわりと人を包み、温かくさせるものになっていった。高齢化が進む現代日本において、これからもっと読まれるべき人なのである。最後に丸谷も激賞した「声」という短かい詩の全行を引く。


「うさぎが／蟻の声を聞こうとして／あの大きな耳を／ぴったり　地面にくっつけた／／二千年も／三千年も昔からの／はるかな世界のように／その声はした――暗い」

戦後の若き詩人たちの肖像を、自らの青春期に重ねて書いた『わが青春の詩人たち』（岩波書店）は、すばらしく面白い読み物だ。著者は三木卓。昭和十（一九三五）年に東京で生まれ、中国東北部満洲で戦中を過ごす。敗戦の混乱のなか引き揚げ、早稲田大学ロシア文学科を卒業する。最初、詩人として出発し、児童文学にも手を染め、小説「鶸《ひわ》」で芥川賞を受賞した。

他者は認めてもらう相手ではなく、納得させるべきものである

三木 卓

谷川雁、黒田喜夫《きお》、関根弘、堀川正美、鮎川信夫、田村隆一、大岡信《まこと》、谷川俊太郎、富岡多恵子など、名だたる詩人たちが、著者の周りを取り囲み、明滅しながら通り過ぎていく。いずれも強い個性を持ち、表現の一国一城の主として、現代詩という新しいフィールドの中で闘っていた。ここに登場する詩人たちは多くが、離婚を経験したり、職を捨てたり、あるいは五十代、六十代で倒れていく波乱の人生を歩む。いかに詩作と人

生の両方に相渉《あいわた》ることが困難であるかを知る。

河出書房（現・河出書房新社）の編集者として、清岡卓行の訳書『ランボー詩集』を三木が担当したが、経営が傾き、長く持ちそうにない。ちょうど清岡の妻が重い病気にかかり、困窮していた。三木は清岡に「印税の前借り」をするように申し入れる。倒産してしまえば印税は支払われないからだ。しかし、清岡はきっぱりそれを断った。重ねて頼んでもダメだった。

「『いや、けっこうです』／清岡は落ち着いた声で、問題にならないというふうにいった」という。三木は「自分の美学に反するようなことはぜったいしたくない人なのだ」と知る。ここに、矜持《きょうじ》に生きるサムライがいる。

著者は幼い頃の麻痺で足に障害を残し、気弱な青年として青春を生きた。周囲のまばゆいばかりの存在に翻弄《ほんろう》されながらも、見るべきものを見て、鍛えられ、「人は、どんな困難な状況でも、本当に必要なものは嗅《か》ぎ当てるものだ、その道を見つけ出すものだ、だからあとで泣き言をいうようであってはならない」と教わる。何事も素直に吸収する柔らかい感受性が、詩と詩人たちから大切なことを学んでいくのだ。そして、こんなふうに思う。

「〈志〉があって、それをほかのものより優先させて生きてこそ、仕事は自分のものとなるのだし、またそれを感じると他者は、その者を見る態度も、遇する態度も変わる」

これに続くのが引用部だ。

よく、自分のことは誰もわかってくれない、真に評価されないと愚痴る人がいるが、それはやはり、三木のいう〈志〉が欠けているからではないか。

「他者は認めてもらう相手ではなく、納得させるべきものである」という言葉は、厳しいがおそらく正しい。〈志〉を持って立派な仕事をする以外に、自分を他者に認めさせる方法はない。

思えば十代の終わりから二十代前半にかけて、小林秀雄という存在を、なんとか我がものにしようと格闘していた時期があった。ひさしぶりに本棚から、角川文庫の『私の人生観』を引っ張り出してきたが、その最後のページに、「昭和五十二年一月十七日」と鉛筆書きしているのを恥ずかしいような、悔いるような思いで、いま見ている。私は、まだ十九歳だった。

誤解されない人間など、毒にも薬にもならない

小林秀雄

一九〇二年に生まれ、八三年に亡くなった小林秀雄は、誰もが言うとおり、日本の近代批評の確立者であり、「批評の神様」と呼ばれ、絶対的な影響力をある時期まで持っていた。個人の文学全集をたくさん出している新潮社で、一番売れたのが四度出た『小林秀雄全集』だと聞いたことがある。盲従するにせよ、批判するにせよ、少なくとも三、四十年前は、まず彼を読んでいないようでは、まったく話にならなかった。

よく言われるように、ランボーやボードレールなどフランス象徴派詩人の仕事を血肉化するところから始まった小林秀雄の批評の文章は、ときに詩的で、ときに江戸っ子らしくタンカを切ってみせ、ときに言葉をもてあそんで難解となった。けっして誰が読んでもわかりやすい文章ではなかった。

しかし、私は私なりに、文庫で揃えた小林秀雄を読んでは気に入った言葉に、よく線を引いたものだ。また、小林の文章は、数行、線を引くと、じつに引き立つ文章であることがわかった。若い私は、ほとんどそれを人生訓として読んでいたような気がする。

二〇〇七年に新潮新書から出た『人生の鍛錬　小林秀雄の言葉』は、まさしく、この近代批評の確立者の文業を、断片から味わい直そうとする試みだった。

「美しい『花』がある、『花』の美しさという様なものはない」（「当麻」）

おそらく小林秀雄の書いた文章の中で、一番有名なのがこのフレーズ。世阿弥の「美」に対する認識について、小林なりに要約した言葉だと思うが、こういった断言にしびれたのである。

または「僕は、高等学校時代、妙な読書法を実行していた。学校の行き還りに、電車の中で読む本、教室で窃《ひそ》かに読む本、家で読む本、という具合に区別して、いつも数種の本を並行して読み進んでいる様にあんばいしていた」(「読書について」)という個所に、レベルはまったく違うが、自分も同じ「読書法」をしていることにうれしくなったり、たわいのない理解だった。

そして、こんな言葉にも線を引いた。

「誤解されない人間など、毒にも薬にもならない。そういう人は、何か人間の条件に於《お》いて、欠けているものがある人だ」

周りの連中は、ちっとも自分のことをわかってないじゃないかと悩む時、大いに慰められたのだった。

二〇〇七年十月に美術史家の若桑みどりが亡くなった。そのとき、彼女が書いた印象的な一文のことを思い出していた。読んだ際に切り抜いておいたが、再読しようにも、どこに整理したのかわからない。思い出は霧の彼方だ。

最近になって、古い手帳の二〇〇二年度版に、若桑みどりの一文が貼り付けてあり、これだ、と思って再読した。同年六月二十六日に「朝日新聞」に掲載されたものだった。

それが私の覚醒だった

若桑みどり

『レット・イット・ビー』（主婦の友社）に同じ内容に加筆したエッセイがあるが、ここは「朝日新聞」から。タイトルは「おめでとう。東洋の娘がいなくなって」。

若桑は一九六一年秋、イタリア政府の招待で留学生として初めてヨーロッパへ渡る。飛行機ではなく船。同じ船中には、蓮實重彥、川田順造など、その後に名を馳す精鋭の若手学者がいた。彼らは「自国語のようにフランス語を操」り、それがため、客室乗務員はみな「白人同様の敬意を払っていた」という。

若桑みどりだって並の日本人ではない。父親・山本政喜は東京帝国大学英文科出の英文学者で、ジャック・ロンドンやディケンズなどの翻訳者。兄はロシア文学者・川端香男里（川端康成の養女と婚姻し、川端姓を継いだ）。幼少の頃から海外文学に親しみ、「自分をかれら（西洋・白人）と同一視していた」というのも無理はない。

ヨーロッパへ向かう途中、香港から中国人の娘が乗船してきて、若桑と同室になった。娘は強烈な体臭を放っていた。「その臭いと、服と、彼女が外国語を話せないので、私は彼女を軽蔑して口も利かなかった」。ところが、ある朝、この娘が眠っている若桑をゆり起こし、「朝餐九時迄成」と書いた紙を手渡した。若桑が朝食を食べ損なうのを心配して、必死で起こしたのだった。「あんなに嫌われていたのに」。

二人は友だちになる。名を教え合う。中国娘は「黄青霞《ワンセイハー》」。若桑は旧姓「山本緑」。二人ははじめて笑った。お互いに名前も顔もよく似ていたのである。

以下、最後まで全文を写す。

「サイゴンで彼女が下船したとき、メートル・ドテル（客室係長）は犬を追いやる手つきをして私に言った。『おめでとう。東洋の娘がいなくなって』。愕然として、私は彼の

『白い』顔を見た。私は彼の側にはいない。私はワン・セイ・ハーの側にいた。私たちは『黄色い』顔をしていたのだ。それが私の覚醒だった」

それから五十余年、野球やサッカーの主力選手が海を渡り、活躍して賞賛されている。アメリカの日本文学研究家のドナルド・キーンが、二〇一二年三月に日本国籍を取得して話題になった。だからといって、若桑が経験した問題は解決したわけではない。私たちは常に自らの「覚醒」を迫られている。

二〇一一年の六月十八日、九十八歳になる元教師が、二十七年ぶりに教壇に立つ、というので話題になった。それが、かつて灘校で半世紀も国語を教えた橋本武（二〇一三年逝去）。通称「エチ先生」。彼が「伝統の国語教師」と呼ばれるようになったゆえんは、伊藤氏貴著『奇跡の教室　エチ先生と「銀の匙」の子どもたち』（小学館）に書かれている。

すぐ役立つことは、すぐ役立たなくなります

橋本 武

橋本武は明治四十五（一九一二）年生まれ。昭和九（一九三四）年、二十一歳のとき、当時旧制だった中高一貫の灘校の国語教師として赴任する。いまでこそ、東大入学者数の上位を誇る進学校だが、戦前は私立より公立の時代で、灘校の名は知られていなかったし、公立の滑り止めに受けるような学校だった。

そこで、戦後になって、橋本は国語の授業の革命を起こす。教科書もノートも使わず、

ただ『銀の匙』という薄い岩波文庫一冊を、中学三年間をかけて読む。それを三十年続けた。『銀の匙』とは、中勘助が自らの少年時代を書いた作品。病弱な少年が見聞きした世界が、繊細な名文でつづられている。岩波文庫に収録されたのは昭和十年だが、いまでも読まれ続けている。

『奇跡の教室』の著者によれば、橋本はこれを使って「生徒の興味で脱線していく授業、『わからないことは全くない』領域まで、一冊を徹底的に味わい尽くす」授業をした。たとえば「丑紅《うしべに》」という言葉が出てくる。橋本手製のプリントに語句の説明があり、黒板に「丑」の文字を書く。次に「十二支」について教える。「甲子園球場」の「甲子」、「丙生《ひのえ》まれ」、「還暦」と、『銀の匙』からどんどん逸脱していく。

しかし、この授業を聞いた生徒は、自宅までの帰り道「神社や寺社の名前、料理店や駅の看板などが、すべて意味のあるものとして映るようになった」と言う。この生徒とは、元最高裁判所判事の山﨑敏充。

凧揚げのシーンが出てくると、主人公の気持ちを追体験させるため、美術の教師と組んで凧作りをさせた。そしてみんなで凧揚げ。いまで言うなら「総合学習」だ。「生活周辺のことは、結局、ぜんぶ国語の力になる」、そして「国語はすべての教科の基本です。

『学ぶ力の背骨』なんです」と橋本は言う。私もまったく同感です。そのために、あえて「遠回りする」授業を実践した。「すぐ役立つことは、すぐ役立たなくなります」は、そんな橋本の「奇跡の授業」の根幹を成す言葉だ。

ある年、灘校の新入生にアンケートをとったところ、「国語が好き」が五パーセントだったのに、一年後、九十五パーセントが「国語が好き」に変わっていたという。

戦後の高度成長以来、日本はずっと「より早く」「より便利に」を追求し、成し遂げてきた。振り返れば「すぐ役立たなくなった」ゴミの山が見える。

二〇〇七年十月十四日、東京・神田の古書会館の地下スペースで、和田誠トークショーが行われた。二階のギャラリーでは、この日本を代表するイラストレーターの仕事が展示された。

和田誠はこの年、七十一歳。ファンの私としては、この展示もトークも非常に興味深く、なめつくすように感受した。百名以上は集まり、会場は満杯になった。和田さんの

スランプってないんですよ。トップに立とうと思ってませんから

和田 誠

話の中で、印象に残ったのがここに引いた言葉。それはこういう話だった。

和田さんがあるパーティーに出席したところ、高名なスポーツ選手と同じテーブルになった。しかし、和田さんはテレビも見ないし、スポーツに詳しくないのでよくわからない。相手も、和田さんがイラストの仕事をしているということぐらいの認識。お互い、気まずいまま時が過ぎる。

すると、向こうから「お仕事をされていて、スランプってあるんですか」と声をかけてきた。和田さんは「ぼく、スランプってないんですよ。トップに立とうと思ってませんから」と答えた。それは、軽く答えたつもりだったが、相手は、衝撃を受けたらしく、しばらく黙ったあと、感に堪えたように「それはいいお話をうかがいました。ありがとうございました」と言った。

和田さんは、「いま考えると、その方はトップクラスの選手で、いつもトップを維持しなければと、苦しんでいたんでしょうね」とその背後を推察したのである。何気ない一言が、相手にとって思いがけない救いになったわけだ。

最後に客席から質問が出て、その中に「息抜きはどういうことをされているんですか」というのがあり、それに対する答えもすごかった。和田さんの仕事のなかに「週刊文春」の表紙絵があるが、あれはグワッシュという重ね塗りのできる水彩絵の具で描いている。バックの色を塗ったあと、しばらく乾くのを待つ。和田さんはその間に、朝日新聞に連載している三谷幸喜のエッセイの挿絵を描き上げてしまうそうだ。「それがぼくの息抜きになるんです」という。仕事をいい意味で趣味にしてしまっている。これではスランプになりようがない。スランプになっているヒマなどないとも言える。

またこんな話がある。作家の河野多恵子が『小説の秘密をめぐる十二章』（文春文庫）で書いているのだが、大先輩の伊藤整にスランプから回復する方法を聞いた。伊藤整はこう言ったという。

「努めて素直になりなさい。拗《す》ねてはいけません。素直になるのが、スランプから抜け出す最短の道です」

これはこれで、本当に仕事の上で行き詰まった経験のある人ならではの、親身なアドバイスである。（和田誠は二〇一九年十月七日死去。享年八十三）

毎年七月になると、ああ、もうすぐあの日が来る、と思う。二〇〇四年七月二十六日、作家の中島らもが死んだ。享年五十二だった。同月十五日、階段から落ちて入院、脳挫傷、外傷性脳内血腫のため還《かえ》らぬ人に。私は二度、取材で中島と会っている。

酒漬け、薬漬けの半生で、社会的に見れば敗残者かもしれないが、強靭《きょうじん》な精神の持ち主だったと私は信じ、作家としても、人としても尊敬していた。エッセイ集『砂をつか

転んでも砂をつかんで立ち上がってくる

中島らも

んで立ち上がれ』（集英社文庫）に、タイトルの元となった、こんな個所があるのだ。

「災厄を嘆かない。災厄をテコのように扱って、新しい自分を顕現させる。転んでも砂をつかんで立ち上がってくる」

中島は躁鬱《そううつ》病、アルコール依存症で病院へ月一度通院していた。普通に考えれば気が滅入《めい》りそうだが、彼はそのたびに元気になって帰ってくる。なぜなら、病院には自分以

上に「とんでもない病人」がいるからだ。

また、周りにいる「とんでもない」人からも、「砂をつかんで立ち上がる」術を中島は学ぶ。例えばニシクボさんという友人は、左目が義眼だ。しかし「ニシクボさんは、『巨人の星』がはやっていたときに、本気で義眼のまん中に『炎』を描いてもらおうとした」という。「業者は笑って相手にしてくれなかった」らしいが、中島のいう「災厄をテコのように扱って、新しい自分を顕現させる」人物の代表と言えるだろう。

ビートたけしの話も出てくる。たけしは事故で「顔面麻痺」が残る。手術を拒み、「顔の動かない芸人」としての生き方を選んだ。災厄は人を落ち込ませ、傷つける。しかし、人の真価は、そのどん底での勝負で問われることになる。ただうちのめされて、自虐的になり、世を呪っても、何の解決にもならない。

中島は『固いおとうふ』（双葉文庫）というエッセイ集で、こうも言っている。

「人間というのはね、たぶん分かれ道にきてどっちへ行こうというときに、自分の不可能な方へは絶対行かないんです。あのときもうちょっと勉強してたら、とか、親の言うことを聞いてたら、とか言う人がいますが、その時点で自分にそれが不可能だったから、唯一可能な道を選んでるわけです。だから今の自分というのは『必然の蓄積』なわけで、あるべくしてあるわけです」

自分の不運、災厄を嘆き、もしあのときこうしていたら、いまの自分はこんなではなかったと愚痴るままに不幸な人は大勢いる。砂にまみれて、ただ寝転がっている人だ。

反対に、なにくそと砂をつかんで立ち上がって、たとえ一歩でも前へ進む人には展望が開ける。また、そういう人には、黙っていても助けの手がのびるものだ。

『下町の太陽』は、山田洋次監督二作目の映画（一九六三年公開）。石鹸工場に勤める主演の町子は倍賞千恵子。舞台は東京・墨田区。典型的な下町で、すぐそばを荒川が流れる。映画が始まってすぐ、銀座の光景が映る。たまの休みに、町子は同じ工場で働く青年・道男（早川保）とデート。電気店ショールームのステレオが八十万円すると言われ驚く（一九六三年の大卒初任給は一万八千九百八十円）。

空はかすんでいる。でも、太陽はその上に照ってるわ

「下町の太陽」

本雇いではなく、上昇志向の強い道男は、正社員の昇級試験を狙っている。二人で自分たちが住む下町へ電車で帰る時、隅田川を渡る。そのとき「隅田川を越えるとぐっと景色が変わるだろう。空まで暗くなる。ああ、団地に住みたいなあ」と道男がうんざりしたように言う。しかし、町子はそんな下町が大好きなのだ。

墨田区や荒川区は昔から工場の多い町。とくに公害の規制がない時代、工場の煙突は

遠慮なく煙を空に吐き出し、煤煙をまき散らし、空を黒く染めた。

道男と別れた町子が、荒川の土手を「下町の太陽」を明るく歌いながら歩くシーンがある。まるでミュージカルみたい。もともと、この映画は「下町の太陽」という倍賞の歌がヒットして作られた歌謡映画だった。

山田洋次は、町子とその家族、あるいは周辺の住民と下町を嫌い、飛び出そうとする青年を対比して描く。そんな町子の前に、「おれとつき合ってくれ」と宣言する青年・良介（勝呂誉）が現れる。強引な良介を、最初は不良と勘違いし、毛嫌いした町子だったが、下町の製鉄工場で汗して働く良介の素朴さに次第に惹かれていく。

おもしろいシーンがある。町子の友人の結婚式で、司会者は新郎新婦が団地の入居に当選したことを発表し、「おめでとう」と言うのだ。昭和三十年代、次々と郊外に団地が建設され、皆の憧れの的だった。

その団地に住みたがっている恋人の道男は、いささか卑怯な手を使って仲間を蹴落とし、正社員の資格を奪い取る。一度は試験に失敗し絶望する姿を見ている町子は、手の平を返すようにはしゃぎ、勝ちを誇る道男の姿に失望する。そして別れを決意するのだ。せっかく正社員になれたのに、ようやく二人はこれで結婚できるというのに、それを拒む町子の気持ちが道男にはどうしてもわからない。そこで町子が言う。

「道男さんは結局この町を出て行く人なのね。それがあなたの幸福なのよ。私はここにいるの。そりゃ下町は煙だらけ、家の中は昼でも暗い、空はかすんでいる。でも、太陽はその上に照ってるわ、私そう思うの」

こうして下町に残る町子は、おそらく工場で働く良介と結ばれるだろう。そこに、のち倍賞が演じる『男はつらいよ』のさくらと、その夫で印刷工場で働く博の姿を重ねてしまうのだ。

「三・一一」以後、まず東日本大震災とそれに続く福島原発破損による被ばくを出発点に、みんなが発言したり、ものを考えるようになった。いいことだと思っている。

まるでこの時に合わせて語られたような司馬遼太郎・井上ひさしによる対談集『国家・宗教・日本人』（講談社文庫）が目の前にある。二人の対談は一九九五年に月刊誌で行われ、九六年に単行本化された。中世から近代にかけて、独自の史観で日本人の姿を問

器量が下がると思っている人は、自尊心の持ち方の場所が間違っている

司馬遼太郎

い続けた司馬と、東北出身という出自をベースに、ユーモラスな包み方で人間を描いた井上。この未曾有の国難に当たり、いちばん意見を聞いてみたい二人が、現在はいないことが、非常に惜しまれる。

だが、この対談集は、タイトルの通り「国家」「宗教」「日本人」をテーマに語り、いまになってこそ傾聴すべき意見がたくさん詰まっている。「このところの日本は、なに

か煉獄にいるかのようですね」と司馬。バブルがはじけ、その隙をつくようにオウム真理教事件が災厄を振りまいたのが九〇年代前半。いままた日本は「煉獄にいるかのよう」だ。

司馬は明治という時代に、立派な日本人たちが真面目に国づくりをしたことを高く評価する。

「こんな真面目な時代を持ったから、われわれはいま暢気《ようき》に、バブルのあとどうしたらいいかという程度の煩《わずら》いをしているだけで済んでいる」

明治という頑丈な土台の上に立つ後代、とくに「昭和」は、日中戦争に始まる泥沼の時代。朝鮮半島支配を「誇りの首の骨をへし折ってまで併合」と評する。戦後、日本はちゃんと「反省し、責任をとるべきだ」った、というのが司馬の主張。

ナチスドイツはもっと悪いことをした、というのは通らない。「程度の違いを論じたってしょうがないんです。質は同じなんですから」と反省しない者たちを軽くいなすのだ。そしてこうも言う。反省することで「器量が下がると思っている人は、自尊心の持ち方の場所が間違っている」。もっと大事なところに「自尊心」を置く場所はある。それをどこに持つか、置くかで、人間の本当の器量は決まってしまうのではないか。

自尊心は、人間の魂を支える背骨で、それ自体大事なものだ。しかし、間違ったところに持つ人に会うと鼻持ちならない。それが自分で見えていないだけに、ひどく滑稽でもある。

また、司馬は九五年時点で、日本は「もうだいたいこれで終り」と宣言している。やるべきことはやってしまって、先がない。あとは「美しき停滞をできるかどうか」にかかっている。

福島第一原発事故以後の世論調査で、それでも原発依存を支持する人が、全体の半数以上いた。この数字に驚いた。もはや日本の残された道は、「美しき停滞」しかないと、私も思っていたからである。

現代日本を代表する詩人・田村隆一が、その晩年、雑誌「ダ・ヴィンチ」の編集長（当時）を相手に、好き放題に（たぶん酒とタバコをやりながら）語った一冊が文庫化された（『詩人からの伝言』MF文庫ダ・ヴィンチ）。ここに名言がたくさん出てくる。田村隆一は一九二三年東京生まれ。戦後に日本の現代詩をリードした雑誌「荒地」の一員として、先鋭的な言葉の世界を築き、多くの読者を得た。長身、ダンディ、翻訳と

「私はホンネで生きている」なんて、かなり甘い台詞だよな

田村隆一

エッセイの名手で、女性によくモテた。「言葉なんかおぼえるんじゃなかった／言葉のない世界／意味が意味にならない世界に生きてたら／どんなによかったか」（「帰途」）の衝撃性は、今も詩の世界に大きな影響を及ぼしている。

これらの代表作を随所に配置しながら、「美人」「酒」「健康」「借金」「戦争」など、編集者が投げかけるテーマについて、自在に言葉を繰り出しながら、ときに辛辣に、と

きにユーモラスに語る。これはもう名人芸といっていいだろう。

たとえば「嘘」について。「若い人はよく『ホンネと建前が違う』と文句を言うけど、いいかい、建前で社会はできているんだよ。ちょっと考えてもごらんよ。ホンネばっかりだったら、社会はたちまち崩壊、分裂しちゃうよ」と語り出す。

田村によれば、ホンネとはつまり「我欲」で、それに忠実だと、社会は愚行を繰り返すことになる。たとえば、バブル景気は「私利私欲で『金がもうかればいい』というホンネから生まれた愚行」。「ホンネという我欲の主張が正しい行動なわけじゃないんだ」として、先に掲げた発言に連なる。

詩人というものに対する誤解に、星や雲、美しい心を謳いあげる人というイメージがあるかもしれないが、むしろ現実に根ざしたところから、一般の人が気づかないものの見方や考え、ぴったりした言葉を提出できる人だと考えたほうがいい。田村隆一はまさしくそんな詩人だった。

二〇一二年五月開業時に、人々の期待を集めて報道も過熱していた「東京スカイツリー」(東京都墨田区)だが、田村は「タワーができたら、その街は駄目になると思えばいいよ」と、一九九〇年代半ばに予言している。田村の見るところ、タワーが建つことで「周辺のあらゆる建造物は影響を受けざるをえなくなる」。特に「路地が消える」ことを恐れる。

路地には自然がある。夜中に虫の声が聞こえてくる。そこに「こおろぎの悲しげな声」と感情移入して聴くのが日本人だ。それが「日本人の生活の本質」だというのが田村の主張だ。詩ではないが詩の心がある。詩人の仕事は詩を書くことだけではない。忙しい毎日に、ふと立ち止まって、真実を教えてくれる。それも詩人の役目だ。

これは高倉健主演（降旗《ふるはた》康男監督）の映画『居酒屋兆治』（一九八三年／東宝）に登場セリフである。山口瞳の原作では、もつ焼き屋「兆治」は東京西郊の町という設定だが、これを函館へ移し、寡黙な主人・英治を高倉健、その妻・茂子を加藤登紀子が演じた。

英治は中学時代、野球部のエースだったが肩をこわし野球を断念する。そのころバッ

人が心に想うことは誰にも止められない…

「居酒屋兆治」

テリーを組んだ岩下（田中邦衛）とは、その後も親友の関係。物語は、この港町にあるもつ焼き屋を舞台に進む。英治にはかつて好きあって別れたさよ（大原麗子）という恋人がいた。そのさよの嫁ぎ先の牧場が火事に遭い、さよは子どもを置いて失踪する。英治の前にさよの影がちらつくようになる。時々かかる無言電話。英治はさよを探す。

そんな夫を静かに見守る妻の茂子が吐くのがこのセリフだ。まわりがとやかく言おう

と、誰かが道を諭そうと、妻がヒステリックに非難しようと、「人が心に想うことは誰にも止められない」のだ。茂子の心中はどうだったろう。これもわからない。人の心は複雑だ。しかし、茂子に扮した加藤登紀子は、自分を押し隠し、夫の愚行（といっていいと思う）を見守る妻をみごとに演じてみせた。

歌手の加藤がどうしてこれほどの演技ができたのか。加藤は東京大学在学時代、演劇部に所属していたらしい。演技の下地はあった。加藤の歌がつねにドラマを孕んでいることも関係しているかもしれない。

ちょうど夏目漱石『こころ』を読み返していたら、この加藤のセリフが何度か思い出された。若い頃、同じ下宿のお嬢さんを張り合い、親友を裏切ることで彼女を手に入れた「先生」。結果、親友が自殺したため、その罪悪感に苦しみ続ける。今は妻となったお嬢さんは、そんないきさつを知らず、「淋しい人間」となった夫を前に、なすすべもなく同じように苦しむ。

「自由と独立と己れとに充ちた現代に生まれた我々は、その犠牲としてみんなこの淋しさを味わわなくてはならないでしょう」

徹底したニヒリズムと、過去に謎をもつ「先生」に魅かれ、家に出入りするようになる学生の「私」。そんな「私」に、快活だった若き日の夫を重ねる「奥さん」。しかし、彼女は「人が心に想うことは誰にも止められない」とは思えないし、言わない。そう考えると、若き日の高倉健と加藤登紀子の主演で、映画化された『こころ』を見たくなってきた。

また映画『居酒屋兆治』には、高倉健をいじめぬく先輩役で伊丹十三、店の常連客として、ミュージシャンの細野晴臣が出演している。傍役《わきやく》に味のある映画でもあったのだ。

かのアルベルト・アインシュタインの言葉だ。これをきれいごとだと思うだろうか。どうか一度、自分の胸に問うてほしい。

小島直記『志に生きた先師たち』（新潮文庫）から拾った言葉だが、アインシュタインは一九二二（大正十一）年十一月、夫人とともに来日している。このとき四十三歳。彼を招聘《しょうへい》したのが、改造社という出版社の社長・山本実彦《さねひこ》だった。『志に生きた先師たち』は、山本を取り上げるなかで、アインシュタイン来日に触れている。

他人と憎み合うために生まれてきたのではなくて、愛し合うためにこの世に生まれてきた

アインシュタイン

山本は大正末期に『現代日本文学全集』を作り、昭和初期の全集ブームを作った人物。彼は、当時高価だった文芸書三、四冊の分量を一冊に収め、一冊一円（現在の二千〜三千円）という廉価で売り出し大ヒットした。他社もこぞってこれをまねて、「円本《えんぽん》」と総称される。

山本はなかなかのアイデアマンで、大正期に世界的に著名な人物を日本に招き、講演活動を行った。アインシュタインもその一人。彼は「相対性理論」でノーベル物理学賞を受賞するのだが、その知らせを聞いたのが、日本へ向かう船中だったという。

当然ながら、日本国内で行った講演はどこでも大歓迎を受け、アインシュタインは趣味のバイオリンを演奏してそれに応えた。

しかし、『志に生きた先師たち』によれば、「彼は、謙虚で、純情の持ち主」で、山本が用意した帝国ホテル最上の部屋を断り、質素な部屋に移った。また、自分の講演を告知する新聞広告があまりに大きいことにもクレームをつけた。

小島はこう書いている。

「彼は、毎日の生活に真剣であった。反面、毎日余裕をのこし、余地をのこし、元気をのこし、そして夜は、音楽はじめ芸術の話に余念がなかった。その日でくるしめた頭と心は、その夕でいたわって、朝方の元気のように、白紙の状態にまでとり戻して、ゆったりした、のびやかさでベッドに横たわるのであった」

睡眠を怠らず、一日十時間以上はベッドで眠ったとも言われている。

『原子力への道を開いた人々』（藤本陽一著／さ・え・ら書房）によると、ユダヤ人だったアインシュタインは、ナチス政権下で迫害に遭う。家も財産も没収され、殺人の懸賞までつけられた。彼は友人への手紙に「こんなにくしみと暴力の流行病が世界じゅうにひろまることをわたしはおそれます」と書いて、アメリカへ亡命した。

そんなことを踏まえて、もう一度ここに繰り返す。

「他人と憎み合うために生まれてきたのではなくて、愛し合うためにこの世に生まれてきた」

つまりこれが、アインシュタインにおける「愛の相対性理論」なのだ。

これは、女優・原節子の言葉。本当はこのあと「そういうことは一切しないようにしています」と続くのだが、長くなるので途中で切った。文意は変わらないと思う。この銀幕の大女優は二〇一五年逝去。

原節子自身による著書は一冊もない。多くない資料から、一冊の本を紡ぎあげたのが貴田庄だ。小津安二郎の研究家で、朝日文庫から書き下ろしによる『原節子　あるがままに生きて』を二〇一〇年に上梓。原節子について隅々まで調べた好著で、今回は本書によって書く。

原節子（本名・會田《あいだ》昌江）は一九二〇年横浜生まれ。小津安二郎『東京物語』、黒澤明『わが青春に悔なし』、成瀬巳喜男『めし』と、日本映画黄金時代に巨匠たちと組んだ主演作品を持ち、比類なき美貌と存在感を見せた女優だった。

自分を卑しくすると、あとでさびしくなる

原　節子

とくに役名を取って「紀子三部作」と呼ばれる『晩春』『麦秋』『東京物語』での原節子は、小津の名演出もあって、光り輝くような美しさで観客を圧倒した。

原節子が映画黄金期の大女優という以外に、「神秘のベール」がかかるのは、一九六二年に出演した『忠臣蔵　花の巻　雪の巻』を最後に引退し、マスコミからあっさりその姿を消し去ったことにある。

また、生涯独身を通し、キスシーンをしなかったことから「永遠の処女」とも呼ばれた。成瀬巳喜男監督による一九六〇年作品『娘・妻・母』に出演した際、共演の仲代達矢とのキスシーンが用意されたが、唇は合わせなかった。原節子このとき四十歳。そんな歳になってキスシーンを拒むのは、今考えれば変だが、つまりそういう存在だったのである。

原には、若い時は別として、水着写真を撮らない、キスシーンがない、舞台挨拶をしないというタブーがあったという。少し名が出るとすぐCMに出る、バラエティ番組で大口開けて笑う、共演男性と浮き名を流し、ベッドシーンで演技開眼とほめられる、というようないまの女優とは何もかもが違う。そんな原が珍しく自らを語った言葉が冒頭に引いた数行。人からよく消極的だと言われるが、生まれつき欲がない、と言ったあと、こう続く。

「ですから損得でものをしゃべったり、行動したことはございません。自分を卑しくすると、あとでさびしくなるのでそういうことは一切しないようにしています。そのために、おカユしか食べられなくなっても、いたし方のないことです」

人は多く、「損得で」喋り、行動する。そのため、自分の領分を越えた、意に染まぬことに手を出したり、自分をことさら偉く見せようと人を貶《おと》めたりする。それは「卑しい」ことだと原は言うのである。その覚悟が臨界に達した時、原は映画界を後にした。潔い撤退で、なにか清々しい。

この世の荒波にもまれ、大いに傷つきながら、なんとか抗って立ち向かって行く者たちへの応援歌が中島みゆきの「ファイト！」だ。「あたし中卒やからね／仕事をもらわれへんのやと書いた／女の子の手紙の文字は／とがりながらふるえている」と始まり、サビのところで「ファイト！　闘う君の唄を／闘わない奴等が笑うだろう」と中島みゆきがシャウトする。私も大好きな歌だ。これは中島みゆきがパーソナリティを務めたラ

あんたのままのあんたでおいでよね

中島みゆき

ジオ番組「オールナイトニッポン」から生まれたことを知った。

番組の最後で、「お別れの手紙」というコーナーがあり、聴視者からの便りを中島が読む。親にも友人にも、ましてや学校の先生にも話せないようなことを、みんなが真夜中の中島みゆきめがけてぶつけた。そのなかに、中卒で就職したが、あいつは中卒だから仕事をまかせられないという上司の陰口を聞いた女の子の手紙があった。読み終えた

中島は最後に「ファイト」とやさしく励ました。そこからあの曲ができたというのだ。

一九八四年二月七日のオールナイトでは、「生きるのってつらいね」と題された中三の女子からの手紙を読んだ。「みゆきさん、こんにちは。わたし、世界で一番ブスです」と始まる文面だった。「誰が見たってブスです。自分でもわかってます。わかってるんです。でも人から変な態度とられるとやっぱり傷つくんですよね。まわりの友だちから毎日ブスって言われて、町歩いても吐くマネされて、学級の男子からはにらまれて」と、自分の顔の造作が美しくないことによる迫害を精一杯のコトバで綴る。

そして志望校に願書を出したが、その高校へ行けば、またイヤな言葉を浴びせかける中学からの先輩たちと遭うハメになる。死にたいと思う。しかし、死んだら、自分を悪く言う者たちを喜ばせるだけだろう。「みゆきさん、こんな私でも生きててよかったと思えることとありますよね」「みゆきさんのコンサートの日には、いまの私ではない私になってみようと思います」と締めくくった、心が凍りつくような手紙だった。

こんな手紙にどう答えたらいいだろう。私ならまったく自信がない。中島みゆきは声を震わせながら「日本中でこの番組を聞いてる人、誰が一番みにくく見えるかわかると思います」と切り出した。

「あなたを傷つける、そういう人たちだけが人間だと思わないで。これからいろんな人に会うと思います。世の中せまくみないでくださいね」と励まし、女の子はお金をかければある程度きれいになる。しかし、お金をかけてもきれいになれないものもある、と言った。きれい事と聞こえるかもしれないが、中島の肉声には説得力があった。そして最後にこうつけくわえたのだ。

「コンサートの日には、あんたのままのあんたでおいでよね」

「ファイト！」
作詞　中島みゆき　作曲　中島みゆき

フランスの哲学者、アランの言葉だ。哲学者といえば、とかく難解な言葉をふりかざし、何を言っているのかさっぱりわからないと思われがちだ。ところがアランは違った。教師を長らくやっていたせいか、あくまで読者に語りかけるかたちで、やさしく、わかりやすく真理を伝える。

代表的著作『幸福論』（白井健三郎訳／集英社文庫）は、もちろん隅から隅まで丸ごと通読してもいいが、いつも手元に置いて、空いた時間などに任意に開いて読むといい。私はそうして開いては、気に入った言葉をノートに写し出してきた。今回はそのノートから紹介する。

アランの「幸福」についての考え方は、ここに掲げた言葉に要約されている。なぜ、俺のところは鉄の斧《おの》で、金の斧が来ないのか、ああ不幸だ……と、いつも不満をもらし

幸福とは、報酬を求めなかった人々のところへくる報酬なのだ

アラン

ている人は、その状態そのものが幸福ではない。

あちこちから補足するかたちでこれに続けてみる。

「根本的には、上機嫌などというものは存在しないのだ。しかし正確に言えば、気分というものはいつでも悪いものであり、あらゆる幸福は意志と抑制によるものである」

これをあなたは「悲観主義」と取るだろうか。そうではない。こんなことも言っている。

「悲観主義は気分に属し、楽観主義は意志に属する。成り行きにまかせる人間はみんなふさぎこんでいるものだ」

だから、雨の日も、気分では悲観するが、意志の力で楽観に変えることができる。まず、そんなことからレッスンを勧める。

「小雨が降っていたとする。あなたは表に出たら、傘をひろげる。それだけでじゅうぶんだ。『またいやな雨だ！』などと言ったところで、なんの役に立とう」

アランはそう諭すのだ。ほんのささいなことでいい。「意志」で抑制、統御する訓練をする。幸福は雨のように天から降ってくるわけではない。自分で、自分のなかから生み出すものだということか。

アランは具体的な幸福の処方箋として「あくび」をせよ、などというから楽しい。「あくび指南」だ。あくびは「精神に与える休暇」で、「人間の自然の生命力はこうした精力の更新によって、生きることだけで満足し、考えることには飽きているのだということを告げ知らせるのだ」と。哲学者というより、なんだか落語に出てくる長屋のご隠居の話みたいだ。そしてこうも言う。

「自分で自分をさいなんでいる人々のすべてに、わたしは言いたい。現在のことを考えよ、と。刻一刻とつづいている自分の生活のことを考えよ、と。時は刻々と移っていく。だから、きみは現に生きているのだから、きみが現に生きているように生きていくことは可能である」

高校時代の同級生に「ガンジー」というあだ名の男がいた。男……はあたりまえか。小柄、痩身の坊主頭で、目が細く、いつもニコニコ笑っているように見えた。みんな、「ガンジー」と呼んでいた。あのインド独立の指導者にそっくり。女子までが「ガンジー君」と。卒業後二十年ぶりぐらいに高校の同窓会があり、そこでこの「ガンジー」が話題になって、ところで本名は何だったのだろうとみんなで考え込んだ。誰かが「Mだよ」と

よいものはカタツムリのように進むのです

マハトマ・ガンジー

言って、そうか、あいつはMだったのかと気づいたような次第だ。

マハトマ・ガンジー。一八六九年インド西部ポールバンダルの生まれ。最初弁護士として南アフリカに渡り、そこで人種差別を受けた。アジア人強制登録法案に反対し、運動を起こす。インドに帰国後、長年支配を受けてきたイギリスからの独立運動に身を投じた。ガンジーの誕生だ。

この活動家がユニークだったのは「非暴力」「不服従」をスローガンに、つねに静かな闘いを展開したことだ。弾圧を受けても反抗せず、死を賭けた「断食」をすることでアピールした。「不服従」のため、くりかえし時の権力により投獄された。彼の生涯のうち、二千日以上が獄中で送られたという。

そんなガンジーの生涯を、みごとに描き切ったのがリチャード・アッテンボロー監督による映画『ガンジー』。弁護士の青年時代から、暗殺され荼毘《だび》に臥される晩年までを丁寧に追い、三時間の長丁場を飽きさせない。主演のベン・キングスレーはイギリスの名優だが、あまりに役にハマったため、以後、他の映画に出演してもガンジーにしか見えなかった（たとえば『シンドラーのリスト』）。

ガンジーの姿を全世界に焼き付けたのは、「タイム」誌に掲載された、床に座り糸車を回す写真だ。撮影したのはマーガレット・ホワイト。映画ではキャンディス・バーゲン（お懐かし）が扮していたが、彼女は女性初の報道写真家として名を知られる。イギリスの綿糸を売りつけられてきたインドが、まず独立するために、自分たちで糸を紡ぎ、布を織るべきだと考えたのだ。「塩」もそうだ。

考えてみれば、ガンジーの行動は革命家としてはあまりに地味で、歩みとしては鈍かった。独立するのにも三十一年を要した。NHK「私のこだわり人物伝」（二〇〇八年）で、中島岳志は「気の遠くなるような道のり」だと評した。しかし、それこそガンジーの精神の根本にあった考えの体現だった。すなわち「よいものはカタツムリのように進むのです」。

一九四七年、インドとパキスタンが分離独立。翌年にガンジーは暗殺された。それから半世紀以上、もうガンジーというあだ名の少年はいないだろう。

約八十年前に出版された本が、いま爆発的に売れている。吉野源三郎が少年少女向けに書いた啓蒙書『君たちはどう生きるか』が、マンガで出版され、たちまちベストセラーに。

この一冊を、まさに今日的問題として、自分に引きつけ読み直した本がある。上原隆の『君たちはどう生きるかの哲学』だ。私は、この参考書を読むことで、『君たちは』が自分のものになったような気がしたのだ。著者は同書を一九八一年(当時三十二歳)に読んでいる。のち師事することになる哲学者・鶴見俊輔が、「日本人の書いた哲学書として最も独創的なものの一つであろう」と書いているのを目にしたからだ。「君たちはどう生きるか」という素朴な問いかけに、鶴見は自分の人生に照らし合わせて正面から答える。そこに上原は惹かれた。

痛いところにこそ普遍性はある

上原 隆

鶴見は日本人としては特異な履歴を持つ。一九二二年東京生まれ。父・祐輔は代議士も務めた著名な知識人。母・愛子は後藤新平の娘。恵まれた環境だったが、母の強い愛情に反発、非行に走りアメリカ留学する。ハーヴァード大学で哲学を学び、戦後、雑誌「思想の科学」を創刊。政治運動では「ベ平連」参加でも知られる。漫画評論なども手がけ、大きな幅を持つ書き手だった。

上原は『君たちは』で立てられたテーマを、鶴見の行動や思考を補助線にして読み解く。つまりベストセラーの祖述、安易な参考書ではない。たとえば、『君たちは』の中で、コペル君が「粉ミルクの缶」から「人間分子の関係、網目の法則」を発見していく過程が書かれた個所がある。コペル君の導師たる叔父さんは、身近なところに問題を見つけた甥を褒める。そのことに触れながら、上原は鶴見の次の発言を引用する。「マルクスがすごいのは資本論を書いたからじゃない。飢えという問題を見つけたからなんだ。問題を解決することよりも、自分の問題を見つけることが重要なんだ」と言ったのだ。

上原もまた、執筆活動をしながら、「私の問題とは何なのだろう?」と考え続けていた。表現者として生きたいと思いながら、才能がないと自覚した。そのことを我ながら「痛いな」と思った。その「痛さ」は同業の私にもある。しかし、同時にこの「痛さ」にこそ普遍性があると気づいた。その「痛さ」を掘り下げるため、自分ではなく、人と会い、話を聞き、それを文章にした。『友がみな我よりえらく見える日は』に始まるコラム・ノンフィクション群はこうして生まれた。

社会の片隅で、名もなく、さまざまな葛藤を抱えながら生きる人たちに寄り添って、彼らの声を掬《すく》い上げたのである。みんな、どこか「痛い」ところを抱えていた。しかし、「痛いところにこそ普遍性はある」と上原は気づいた。それこそが上原の「君たちはどう生きるか」に対する答えであった。

記憶にまだ新しい。痛ましい事件が二〇一五年クリスマスの夜に起きた。大手広告代理店「電通」の当時二十四歳の女性社員が社員寮から飛び降りて自殺した。のち、彼女は入社後、一ヵ月の時間外労働が約百三十時間という、凄まじい過重労働をしていたことがわかった。

故人には労災が認定されたほか、違法な時間外労働が全社的に常態化していたことも指摘され、大きく話題となった。なぜ、死を選ぶ前に休まなかったのか。会社を辞めればよかったなどと、高みから疑問を投げかけるのはたやすい。一人の命と天秤をかけられる会社などない。しかし、二十四歳の女性は追いつめられ、死のほかに選択肢を失ってしまった。

作家の津村記久子が、二〇一六年十一月二十九日付「朝日新聞」で、この問題につい

人生、酢でなんとかなる

津村記久子

て記者から取材を受け、答えている。津村は、大学卒業後に十年あまり会社勤めをした経験を持つ。パワハラに苦しんだこともあるという。芥川賞受賞作『ポトスライムの舟』も、二十九歳の契約社員の話だった。津村は「『休みます』って口にするのは、しんどいですよ。会社を辞めるなんて、もっと勇気がいる。だから、続けるしかない。そのうち考えることそのものに疲れ果てて、『死んだら全部終わる』って思ってしまう」と、過労死した女性社員の気持ちに寄り添う。

その上で、死に至らない前の解決法について考えを述べている。「何もかも嫌や」という気分に支配され、死ぬ以外は考えられなくなる。そんな時は、たとえば一時間だけ待ってみる。あるいは「二時間後に生きていたら自分をほめるとか、短いスパンで『いま』をやりすごす」のも一つの方法だというのだ。

また、クエン酸が過労物質を分解すると知り、会社員時代、勤務中に黒酢の飲みものを飲んでいたことがある。

「死にたくさせるのは化学物質なんや。なら、人生かけて悩むほどじゃないな」と考えたという。そして「人生、酢でなんとかなると思えたら、気持ちが軽くなって。あくまで私の場合ですが」とつけ加えるのだ。酒や抗うつ剤ではなく、「酢」というのがいい。

実際に、「酢」が効果があるという以上に、凝り固まって狭くなった考えや視野を、少し緩めて、広げることが大切なのだと、津村の言葉でわかってくる。「自分のことばかり考えていると行き詰まる」。そんな時は、自分以外のものや人に目を向ける。すると「世の中には面白い人が湯水のようにいるので、思わず夢中になって見届けようとしてしまう」とも取材で語っている。

一流の企業に勤め、これから楽しいこともたくさん待っていただろう二十四歳。そう考えると胸が痛む。「だまされたと思って、ちょっと酢を飲んでみたら」と声をかける人は周りにいなかったのか。

明日咲く言葉の種をまこう

実りの秋色の中で

これは斎藤茂吉晩年の一首（歌集『つきかげ』所収）。

わが「生」は、考えてみたらまあこんなもんだよ。自分のために納豆を買って、夕暮れに家へ帰るだけ……というような意味だろうか。詩人の鮎川信夫が書いた「最晩年の斎藤茂吉」という文章に引用された歌。二十代に読んでいたら、〝なんだそりゃ〟と思うかもしれないが、今の私にはけっこう身に沁《し》みるところがある。

わが生は　かくのごとけむ　おのがため
納豆買ひて　歸るゆふぐれ

斎藤茂吉

鶴見俊輔編『老いの生きかた』（ちくま文庫）は、古今東西の「老い」について書かれたエッセイ十八編を集めたアンソロジー。随所に引きたい言葉がいっぱい出てくる。「最晩年の斎藤茂吉」もその一つ。

鶴見の解説によれば、鮎川や自分にとって、「短歌は戦争万歳をさけぶ表現形式」だった。茂吉も戦場へ赴く兵士たちを鼓舞する歌をたくさん作った。しかし一方で、「みずからの老いをうたう作品をのこし」た。

鮎川は、『赤光《しゃっこう》』や『あらたま』など茂吉絶頂期の作品にくらべると、先に挙げた歌を含む晩年の歌集『つきかげ』は、「散漫な日常詠が多く」、「作歌能力の衰弱は覆うべくもない」という。だからといって、『つきかげ』が読むに足りぬつまらぬ歌集とも言えない。そこがおもしろいところ。

「歌への野心こそ衰えはしたものの、自己劇化の意欲は余香のように残っていて、私たちを誘いつづけている」と鮎川は見る。そして『おのがため』にする一切の挙措《きょそ》が、孤独の影を帯びる」のは、いわば老境に入ったおかげなのだ。枯れて落ちかかる花や葉にも風情と美はある。そう受け止めるには、やっぱり老いることも必要なのだ、と私は思った。

富士正晴「ジジババ合戦、最後の逆転」も興味深いエッセイだ。勝海舟(麟太郎)の未亡人・たみは、もと深川芸者であったが、勝に仕えた末の死ぬまぎわに「自分の骨は麟太郎の墓に一緒に入れてもらいたくない」と遺言したそうだ。いったいなぜ?

勝は女癖が悪く、雇い入れた女中にすべて手をつけた。なかに何人か孕ませた例もある。またそれを老年になって客に自慢したという。たみはもちろんそれを知っていた。

知っていて、武家の嫁として耐えた。たみは、「亭主を腹の底で侮蔑して、平然として顔に感情は出さない」と、これは富士の意見である。怨みと侮蔑を心の底に秘め、最後になって、一緒の墓には入らぬと宣言した。

富士は言う。「ばあさんはひとりでも生きられる、一生、生活技術をみがいて来たからだ」。それに比べ、じいさんは一人になると「子供同然で何も出来ない」。女が復讐《ふくしゅう》しようと思えば、いとも簡単なのである。夫を見捨てればいいだけの話だ。

男性諸君、くれぐれも気をつけましょう。

秋も深まり、夕風が吹き、虫の音が聞こえるようになる。大気もひんやりする頃になれば、夜のお酒もおいしい。気の合った友人同士、一杯やりながら話すことと言えば、私の場合は「本」の話。「堀部篤史くんと言えば、もと京都・恵文社一乗寺店の店長で、今は独立して『誠光社』という書店を」なんて説明しなくても、「堀部くん」で全てがわかってしまう。そういう仲だと、どんどん話がはずんでいく。

人間の交流を妨げるのは自然の地形じゃなくて人間自身ですね

奥本大三郎

池内紀・奥本大三郎・川本三郎の鼎談による『快著会読』は、「本」を語って何とも楽しい本だ。池内が少し年上で奥本と川本は同い年。それぞれドイツ、フランス、アメリカ文学を専門とし、翻訳もあるが、専門以外にも幅広い知識を持っている。それに無類の本読みだ。

毎回一冊、一人が本を紹介し、それについて三人で縦横無尽に語るというスタイル。

藤沢周平『蟬しぐれ』もあれば、ル・クレジオ『海を見たことがなかった少年』、村上春樹『ダンス・ダンス・ダンス』、『小出楢重随筆集』、ヘミングウェイの評伝など、幅広いジャンルから選ばれている。それに自在に、柔軟に対応できるのが、この三人の強みだ。

たとえば『蟬しぐれ』。この時代小説の名作に登場する地方の旧藩の風景、夏木立や美しい川は「ついこの間まで日本にあった原風景」であり、出てくる人物も「ついこの間までいた日本人」だと、藤沢文学の人気の秘密を池内が指摘する。それを引き取って川本は、藤沢文学のキャラクターは「悪役と善玉というんじゃない。いいやつといやなやつなんですよ」と、さらにイメージを膨らませる。複数による対話の強みだ。

ル・クレジオの話題では、作家が住んでいたニースという場所のイメージを日本に例えたらと川本が尋ねると、奥本が「戦後の、谷崎なんかがいた頃の熱海じゃないですか」と適確に答える。この呼吸、このやりとりが、勉強というのではなく知らない間に読者の知識と知的好奇心を強化していくのだ。

司馬遼太郎『韃靼《だったん》疾風録』を取り上げた回では、かつて日本海側が、船を使った重要な交通網であったと意見を交わし合う。「長距離トラックですね」と池内。明との交流もあり、「そういう意味では日本海というのは瀬戸内海みたいなものかもしれない」とは川本。それら海上交易の自由さを、奥本はこんな言葉でまとめる。

「シルクロードでも何でもそうですけど、人間の交流を妨げるのは自然の地形じゃなくて人間自身ですね」

たくさん知識を抱える人はほかにもいる。しかし、この三人のように、その知識を軽々と出し入れし、新しい知見として読者の前に提出できる人は少ない。秋の夜長に、ぜひどうぞ。

業田良家の四コママンガ『自虐の詩《うた》』（竹書房文庫）は、日本一の乱暴者・イサオにひたすら従順にかしずく日本一不幸な内縁の妻・幸江の物語だ（二〇〇七年に映画化もされた）。イサオは幸江を中華料理店で働かせて、その稼ぎで食べている。パチンコ、麻雀、競馬に明け暮れ、酒が好きで、やくざを目線で退ける。何かというと怒ってテーブル、ちゃぶ台をひっくり返す。どうしようもない男なのだ。

幸や不幸はもういい どちらにも等しく価値がある 人生には明らかに意味がある

「自虐の詩」

例えば、せっかく幸江が用意した夕食を「なんだこのまずいめしは」と、ちゃぶ台をひっくり返す。仕方なく「にぎりの特上一人前」を出前注文する幸江（自分は食べない）。にぎりをほお張るイサオの「ホウうまいじゃないか、いくらした」の問いに「三千円だもん」と幸江。ところが、そう聞いたイサオは寿司が高すぎると、またちゃぶ台をひっくり返すのだ。これがお決まりのオチであり、同作の名物となる。

イサオの非道ぶりと幸江の幸薄い姿が強調され、笑いを呼ぶというパターンが、このマンガの当初のスタイルだった。ところが、連載が長期化するうち、スタイルが一変する。幸江の過去が描かれ、たぶん著者自身も最初は想定していなかった、もう一つの『自虐の詩』が展開していくのだ。

ろくでなしの父親を持ち、小学生の頃から新聞配達と内職で家計を支える幸江に母はいない。最初っから不幸だったのだ。夜道は他の人より暗く感じたであろう。

中学生になっても不幸は続き、学校の友人といえば、ブスでデブで不潔で教師からも疎まれる熊本だけ。いつも二人一緒だ。というより二人でしかいられない。太平洋二人ぼっち。

クラスには家が金持ちで、頭がよくてきれいな藤沢さんがいる。幸江は彼女を崇拝する。あまりにも違いすぎる世界。学校からの帰り道、「生まれかわれるなら藤沢さんになりたかったわ」の幸江の一言に、ぼそっと小声で「バカだね、あんたにはあんたのいいとこがあるのにさ」とつぶやく熊本。いいなあ、熊本。

しかし、ある日から藤沢さんのグループに幸江が加わる。「藤沢さんと手をつなぐと世界が変わった」。熊本と一緒だった頃は、熊本を蔑み、殴り、怒ってばかりの先生が、藤沢さんといるとニコニコ笑って幸江にも近づいてくる。「あの先生が笑うの初めて見た」と驚く幸江だった。

そして幸江は、熊本を遠ざけ、彼女が学校の備品を家に持ち帰っていたことを次々と告白していく。裏切りにより完全に孤立する熊本。それでも堂々としている熊本だが、路地の奥で、思わず泣く後ろ姿のコマが切ない。

そこへ、金に困った幸江の父親が、銀行強盗を働き逮捕される事件が勃発し、幸江はたちまち好奇の眼に晒《さら》される。どこまでも続く不幸の連鎖。また一人ぼっちになった幸江に近寄ってきたのは、熊本だけだった。「あんたみたいな人はそこでしか幸せになれないよ」と東京行きを勧める熊本。そして別れ。二人の間にたくさんの時間が流れ、ラストが待ち受ける。妊娠した幸江と、いまは幸せそうな熊本の再会に用意されたのが、今回引いた言葉だ。

いいことなんて一つもないような幸江の人生だが、生きてさえいれば、一瞬でも光り輝くことがある。『自虐の詩』はそんなことを教えてくれる。

これは夏目漱石の高弟で、物理学者・寺田寅彦が書いた随筆集『柿の種』に見つけた言葉。随筆集と書いたが、日常のスケッチ、感想など、いずれも一ページ程度（長くて二ページ）の短い文章を集める。電車での移動時間などを使って、一編がすぐ読めるのがいいところ。

ここで紹介したい名言は、たった六行の文章のうちの一行。寺田邸の前に風呂屋（銭湯）ができて、大いに迷惑している、という話である。しかし、すべてが悪くなったわけではなく、恩恵も受けている。たとえば、自邸への道順を教えるのに、銭湯の煙突を目安にすればいい。また門前が明るくなったため、「泥坊の徘徊には不便」となり、治安がよくなった。

しかし、どんな悪いことにでも何かしら善いことがある

寺田寅彦

ここに着目したのは、じつはわが家が、某高校の正門のまん前にあるからだ。いい悪

いで言えば、十のうち九は悪い、迷惑だ。とくに入試、文化祭、体育祭、その他の行事の時は大勢の人が集まり騒がしく家にいられなくなる。時々、爆発しそうになるが、ただ、寺田が書くように「何かしら善《よ》いことがある」というのは、銭湯と同じく、道順を教えるのに便利。あと学校はセキュリティが完備されているため、わりあい門前のわが家も安心ということだ。

それで話を済ませようと思っていたが、『柿の種』に驚くべき発見をした。安政時代の高知で十九歳の少年が切腹させられ、その祖母が「愁傷の余りに失心しようとした」という話が紹介されている。周りがあわてて、鉄瓶の湯を飲ませたところ、祖母が鉄瓶の底をなでまわし、その汚れた手で顔を触ったために「一面に真黒な斑点ができた」。悲惨な事情のもとでも、居合わせた人が笑った、というのだ。ただそれだけの話。

ところが、解説（池内了）を読んで驚いた。著者の父・利正について触れた個所で、「利正は25歳のとき、実弟喜久馬の介錯役として首を切り落とす役目を果たさざるを得なかった」と書かれている。つまり先の切腹した若者と祖母は、寺田一族の者だったのだ。

そこで少し調べると、利正は土佐藩の武家の出で、坂本龍馬の友人だった。上士と下士の身分差は甚だしく、橋の上で酔った上での刃傷事件が起き、上士たちが憤って、下士の屋敷に乗り込んで来た。その事件に関わった喜久馬をかばって助けようとしたのが、かの龍馬だが、当事者の喜久馬は切腹と決まった。たしかに司馬遼太郎『竜馬がゆく』に、この事件に触れた個所がある。

弟の首を切るはめになった利正は、「内向的であり、家族的な甘さを拒否した」父親だったという。それも当然で、世の中にどんな不幸があろうとも、身内の者の首をはねる以上の不幸はないはず。そんな父親を見て育った寅彦の思いもまた……。この話にも、どこか「善いこと」があるだろうか。

これはずいぶん含蓄のある言葉である。作者は夏目漱石。新婚の門下生にあてた手紙にあった一節だという。何度か、この言葉を読み返しながら、以下、たどっていただきたい。

「朝日新聞」を購読の方はご存じかと思うが、土曜日朝刊には、別紙で「be」版というのがついてくる。ここで本紙とは別に、各種の特集が組まれるのだが、二〇〇五年から

夫婦は親しきを以て原則とし、親しからざるを以て常態とす

夏目漱石

「愛の旅人」という巻頭を飾るシリーズ企画があった。古今東西の文人たちが交わした愛のかたちを、交わされた場所を訪ねてレポートするというもの。ここに夏目漱石が登場する（文・牧村健一郎）。

連載が単行本化された『愛の旅人』（朝日新聞社）があるので、ここから、漱石夫婦の愛のかたちを繙《ひもと》いていこう。

漱石の妻・鏡子は戸籍名を「キヨ」と言う。漱石ファンでなくても、ただちに『坊っちゃん』に出てくる、主人公のたった一人の支持者である老婆・清《きよ》を思い出すだろう。漱石は妻を愛していた、とする根拠の一つである。ロンドン留学中、漱石がひんぱんに夫人へ手紙を送ったのも有名な話。

一方、漱石の門下生や研究者の間では、この鏡子夫人、はなはだ評判がよくない。「朝寝坊で夫の文学に無理解、無神経」という「悪妻」説が優位であった。また、雑誌「世界」(一九五五年八月号)に公表された「伏せられていた漱石の日記」に、夫人へのあからさまな不快感と批判が記されていた。これは全集の「日記」には収録されていない。編集にあたった漱石の門下生がためらったからだ。

漱石と鏡子夫妻の危機は過去に何度かあった。

漱石はロンドン留学前、旧制熊本五高に奉職している。新妻だった鏡子を連れ、熊本へ引っ越し、四年三カ月を過ごした。その間に六回も引っ越したという。この熊本時代に衝撃的な事件が起きた。長く伏せられていたが、夫人が川へ飛び込む自殺未遂があったのだ。

鏡子夫人の回想録『漱石の思い出』(文春文庫)にも触れられていない、門外不出の秘話だったが、熊本では知られた話だったという。言葉の通じぬ新天地での生活に加え、流産による心身の不調など、いくつかの要素が重なったと思われる。『愛の旅人』では、ここに、漱石の背後に見え隠れする女性の存在を加えている。『草枕』のヒロイン・那美のモデルとなった女性だ。

そんなふうにいろいろあって、ケンカもよくしたが、それでも子宝に恵まれたし、夫人も最後まで添い遂げた。円満とはいかぬまでも、まずはよい夫婦と考えていいのではないか。

夫婦という関係は、端《はた》が見て想像するよりはるかに複雑である。それが夫婦の「味」というものかもしれない。そう考えて、冒頭の言葉を読み直すと、深淵な真実が見えてくる。

秋が深まり、あちこちから虫の音が聞こえ始めた。「しずかなしずかな　里の秋」という童謡の一節が頭に浮かぶが、いざ、街へ出てみれば、そこは騒音の渦だ。電車のホームで、誰に向かって怒鳴っているのか、誰も聞かないから効き目のない「白線まで下がって」等のアナウンス。小売店の店先から爆音で流れるBGM、各種呼び込み、選挙期間は耳を塞ぎたくなる選挙カーの連呼と、大都会は騒音にマヒしてしまっている。

はげめよ、はげめよ、と聞いたらいいのと違うか

桑島玄二

これは以前から心ある人たちにより抗議運動がされているが、一向に効果なく、スマホ等の端末からイヤホンで音楽を聞いている人たちは、あれは意外に騒音防止のためかとも勘ぐられる。私も全国チェーンのカフェで、大声で喋るグループに出くわすと、あわててイヤホンを装着し、難を避けるからだ。

大阪に創業四十年以上になる小出版社・編集工房ノアがあり、関西の現代文学（特に

詩）は、ここの出版物抜きには考えられない。天野忠、庄野英二、杉山平一、山田稔など、ここから本が出て、全国に浸透していった。社主は涸沢《からさわ》純平。奥さんとほぼ二人で、文芸出版の看板を守り続けてきた。

二〇一七年、関わった著者たちの交流を書いた追悼文集が『遅れ時計の詩人』というタイトルで自社から出版された。熱い心の行き届いた、すばらしい本である。本当はちゃんと紹介したいが、名セリフの紹介に徹する。

長らく編集部が入居していたビルが、建て替えのため立ち退きを命じられた。出版社という性質上、事務所にも、裏に借りた倉庫代りのアパートにも、在庫と新刊書籍が山と積まれている。移転はすこぶる億劫であり、金もかかる。移転期限が迫り、不動産屋を当たったところ、二階建ての借家が見つかった。路地の奥で日当りは悪いが、静かで、しかも広い。

契約を済ませ、さて引っ越しという段になり、とんでもないことに気づいた。裏に隣接するのがプレス工場で、打ち抜きの音と振動は、とても我慢できるものではない。下見の日は工場の休業日だったのだ。交渉し、工場側の窓を二重にしてもらったが、振動は食器棚を揺らし、騒音は電話を聞き取りにくくさせた。暗澹《あんたん》たる気持ちでいると、新しい事務所を訪ねてきたノアの執筆者の一人、桑島玄二が「なつかしい音や」と言う。桑島の郷里・香川県の実家の裏手が工場で、一日中この音がした。桑島は悩める涸沢に言った。

「はげめよ、はげめよ、と聞いたらいいのと違うか」

ものは考えようだということか。

たとえば赤ん坊の泣き声は、子のない者にとっては騒音だが、同じく赤ん坊を育てる若い親たちには生命の讃歌と聞こえるだろう。改善しがたい騒音に苛立ち、神経を削るより、自分の心の持ち方を変えて克服する手がある。もちろん、それでも耐え難い音はあるが。

マンガ『岳』（石塚真一）は、世界の巨峰を股にかけたクライマー・島崎三歩《さんぽ》が主人公。いまは、日本アルプスを巡りながら山岳救助ボランティアをしている。山の厳しさを知り尽くした男だからこそ、遭難した人たちへの優しさがにじみでる感動の物語だ。第二巻所収の一編が「先生」。夕暮れ迫る雨の北アルプス、穂高連峰。標高二千二百メートルの「大谷山荘」の前で、引率した生徒たちの点呼を取るのが小学三年担当の教師・犬井雄二。「先生、腹へった」「ま〜だ〜」などと言う子どもたちの頭をさわって人数を確かめる犬井は、降りしきる雨の中、戦慄する。リュウトとサトルの二人がいない。

先生だから見つかったんだよ、先生の子供達だから

「岳」

たちまち頭に血が上り、「ナゼ、ナゼ気付かなかった」と何度も責めながら、来た道を一目散に走る犬井。切り立った崖の個所まで来て、そこを下りようとした瞬間、滑落する。地べたで大の字になり気を失ってる犬井に、三歩が寄りそう。すごい勢いで走っ

ている姿から気にとめ、駆けつけたのだ。気がついた犬井は登山道まで引き上げてもらうと、すぐ行動を開始しようとする。「頭とほっぺ出血してるよ、足も肩も痛めてる」と止めるが「オレの生徒が行方不明なんだ」と叫び、やみくもに濁流の川を下ろうとする。

気が動転し、二次災害を起こしそうな教師を、三歩は「落ち着こうよ。生きてると信じて落ち着こう。ねっ」と体をはがいじめにし、諫《いさ》めるのだ。そこでようやく、犬井が中学のとき、山岳部に入り、めぐりあった先生の話をする。先生から山の心を教えられ、自分が教師になったとき、バトンを受け渡すように子どもたちを山に連れてきた。そして、アクシデントが起きたのだった。

三歩は、登山道から少し離れた、少し開けた場所で立ち止まる。「雨の日は林の中の道よりも、オープンスペースの方が方向を見失いやすい」と熟練者らしく言うのだ。「おーい！」と叫んだあと、犬井が何かを感じたように歩き出す。すぐ三歩も「きたかな」と感づく。やがて、雨のスクリーンの中から二つの小さな影が現れる。はぐれた二人だった。おしっこをしていて、はぐれたというのだ。泣きじゃくる生徒を抱きしめる犬井。礼を言う犬井に、三歩がこんな話をする。救助ヘリが何度捜索しても見つからないのに、遭難者の母親が同乗すると、生きてても死んでても、一発で見つけることがよくあると。そして、こう続ける。

「先生だから見つかったんだよ、先生の子供達だから」

私は無神論者だが、血の結びつきや、強く念じることにより、神秘的なことが起こりうると思っている。先生という仕事にはいろいろあろうが、子どもたちを強く念じることが重要ではないだろうか。それはすでに神秘的な出来事なのだ。

『こちら東大こちら日大』と二人の青年を紹介されれば、やはり東大の人間の方がいいような気がしてしまうあたりで、私たちは生きている」と山田太一は書く。ほんと、そうだよなあ、と思う。

一九八三年にTBS系列で放送されたテレビドラマ「ふぞろいの林檎たち」は、三流大学へ通う男子学生三人に、それぞれ恋人を配して彼らの悩み、苦しみ、喜びを描き切

私のよさ、気がついてくれると思ってた

「ふぞろいの林檎たち」

ってヒットした。先の山田の言葉は同ドラマシナリオをそのまま本にした『ふぞろいの林檎たち』（新潮文庫）あとがきから。山田ドラマはいつも、現代社会の隠れた患部にメスを入れる。

キャストは仲手川良雄（中井貴一）、岩田健一（時任三郎）、西寺実（柳沢慎吾）、水野陽子（手塚理美）、宮本晴江（石原真理子）、谷本綾子（中島唱子）。男三人は定員割

れするような大学へ通っている。実役の柳沢が言う。

「学校何処ですか？　って聞かれるのが一番嫌で、やっと国際工業大学ですっていうと、みんなハッとして、それから慌てて本心かくして、工業大学は就職率いいでしょうなんてよ。いいもんか、畜生」

三人はそんな大学へ通っているということで、いつも引け目を負い、いつも傷ついている。

なんとかモテたい一心で、名門女子大に「ワンゲル同好会」の入会希望のビラを配る。やって来たのは三人。最初に現れたのが、容貌もいまひとつの太った女の子（中島唱子）だったので、みながっかりする。ところが、続いて来た二人（石原真理子・手塚理美）が美人で、とたんに態度を変える。男代表で謝罪しておく。すみません。女性は、美醜によってあからさまな差別を受けるのだ。ところが美しい二人は、申込書に書いた名前も電話番号も大学（津田塾大）も調べてみるとウソだった。そこからドラマが始まる。

石原と手塚は、本当は看護学校の生徒だった。それを言うと「四年制の大学行ってる女性より、二三段低いみたいに扱う奴がいるのよ」と陽子（手塚）が明かす。彼女たちもまた、自分たちの個性や本質とは関係ないところでコンプレックスを持っていた。

結局、中井と石原、時任と手塚、柳沢と中島がカップルになるが、柳沢は中島と一緒にいることさえ恥ずかしいと思い、邪険に扱う。

『ふぞろいの林檎たち』の中で、このカップルの描き方が特に秀逸だった。デートをしてもいつも不機嫌な柳沢に、中島は高い服を買ってあげたり、お小遣いを渡したりして気を引く。「今日は五千円だから、五千円分だけ笑って」というセリフに無残な哀愁が含まれている。

しかし、最後の方、その小遣いは中島がバイトをして稼いだ金だと知り、ついに柳沢は「お前――いい女だなあ」と言う。中島もきれいに見える。そこで今回のセリフ。

「私のよさ、気がついてくれると思ってた」

見ている者も、救いを感じる最高のラブシーンだ。

全体に暗い作品が多い日本文学史のなかで、夏目漱石『坊っちゃん』は珍しく明るく痛快な傑作小説として、百年以上たった今日《こんにち》も読みつづけられている。作家の小林信彦が、その続編ともいうべき『うらなり』を文藝春秋から上梓した（現在、文春文庫）。これがおもしろい。

『坊っちゃん』には、主人公以外にも山嵐、狸、赤シャツ、野だいこ、それにマドンナ

それでも心のなかでつぶやく名前があるというのは、誰にとっても安堵することだ

「『名探偵』に名前はいらない」

と、あだ名で呼ばれた人物が多数登場するが、そのなかでもっとも影の薄いのが「うらなり」ではないか。婚約者のマドンナを赤シャツに取られ、他所《よそ》へ転任していく寂しい男。本当は古賀だが、その名を覚えている読者は少ないだろう。

小林信彦の『うらなり』は、この古賀先生の視点で「坊っちゃん」の物語を書いたらどうなるか、という試みだ。時代は昭和になって、うらなりは東京・銀座で三十年ぶり

に山嵐と会い、食事をしながら当時を回想するのだが、「そういえば、あの方はどうなさったのですか。〈坊っちゃん〉と呼ばれて怒り狂った方は」と漏らす。そこで気づいたのだが、われわれ読者は主人公の名を知らないのだ。

小説のなかで、彼だけが本名を告げられずに終わる。ほかの登場人物たちも、まるで避けるように「坊っちゃん」を本名で呼ばない。これはかなり異常なことではないか。

そういえば漱石のもう一つの代表作『吾輩は猫である』のネコにも名前がなかった。関川夏央の小説『「名探偵」に名前はいらない』（講談社文庫）の主人公にも名前がなく、また飼っているネコにも、まだ名前がついてなかった。そこで探偵は呟《つぶや》くのだ。「それでも心のなかでつぶやく名前があるというのは、誰にとっても安堵することだ。大ゲサにいえば生きるために必要なのだ」

名前とは、この世に生を受けたときに親もしくはその係累から授けられる一種の記号のようなものだが、成長とともに繰り返し呼ばれ、また自分で名乗り、さまざまな場面で記名することで、その存在を示す象徴のように変貌していく。その人の存在＝名前なのだ。

親が子を案じる時、思春期の少女が彼を思う時、必ず名前を思い浮かべ、口に出す。

そのとき、呼ぶ名前があることは「生きる」ことそのものになる。逆に、呼ぶ名前のない人生はあまりに寂しい。

私は心が亡びそうになったり、絶望の壁に頭を打ち付けるような時、よく我が子の名前を呼ぶ。自分の「我」が失われても、子どものためなら、これから先もなんとか生きていけそうな気がするからだ。

そう言ったのは川端康成。ドロボウを手伝うと言われた相手は今東光《こんとうこう》。二人は親友だった。司馬遼太郎『街道をゆく41 北のまほろば』（朝日文庫）に、二人のエピソードを紹介する中で出てきた言葉である。

川端康成が悲劇の生い立ちにあったことはよく知られている。「葬式の名人」というあだ名がついたくらいだ。幼くしてまず父母をたて続けに喪い、祖父・祖母の家に預けられるが、祖母も七歳の時に死ぬ。姉は夭折、二人きりで暮らすことになった祖父も、十四歳の時亡くなった。この時、正真正銘の孤児となった。

たとえドロボウをしても手伝わねばなりません

川端康成

一方、今東光は川端の一歳上で、父母兄弟に恵まれて育った。中卒ながら独学で作家を目指し、一高の寮にいた川端と知り合い、意気投合した。二人は「新感覚派」と名付けられた、文学のニューウェーブに属する作家仲間となる。しかし、昭和初年に今は筆を折り、出家した。一九五一年に八尾（大阪府八尾市）の寺の住職となる頃から作家として復活、直木賞も受賞する。しかし、彼の名前を高めたのは、勝新太郎主演でシリーズ化された映画『悪名』だ（原作を執筆）。

これだけのことに触れて、一高時代の川端の話に移る。冬休みになると寮生はみな故郷へ帰り正月を送る。しかし、孤児の川端に帰るべき故郷も肉親もない。親戚の家がないではないが、温かく迎えられるわけでない。

そのことを察した東光の母が偉い人で、淋しい川端を招き入れ、我が子と同じように接した。毎年、新年の準備として子どもに絣の着物を縫ったが、川端の分も用意した。母の愛を知らない川端にとって、乾いた心に情けが染み通るような気がしただろう。年越しは今家で、という習慣は大学を卒業するまで続いた。

司馬が川端に初対面で接した時、「私は、東光の母上に恩があります」と言った。その果てに出た言葉が、今回引用した「私は、東光がたとえドロボウをしても手伝わねばなりません」だ。初めて人の情けに触れ、その恩に報いる最大限の表現が、川端にとってもっとも悪しきこと「ドロボウ」だったのである。

東光は晩年に参議院選挙に自由民主党から立候補している。その選挙事務所の長を務めたのが川端だった。街頭の応援演説にも立った。およそノーベル賞作家に似合わない。「奇観というべきだった」と取材した司馬は書いている。一九六八年、全国区で当選を果たし一期務めた。

東光の「川端康成との五十年」という文章は、七二年に自殺した友への追悼文になっているが、そこで「わが家で、勝手気ままにしながら、オレと二人で寝転んで天井を見て、二人で文学論をやりながら元日を迎えていました」と回想している。川端康成の戒名は僧籍にある東光がつけた。「文鏡院殿孤山康成大居士」から透き通った淋しさが伝わってくる。

少年野球、甲子園、大学リーグと、頂点を目指し集められたのがプロ野球の選手である。しかも、一軍で活躍できるのは一握り。いかに厳しい世界かがわかる。

バッグンの素質と、豊富な練習量をもってしても、試合で実力が発揮できない選手がいる。阪神タイガースの藤浪晋太郎など、つねに期待を集めながら、ここ数年、突如の乱調でふがいない成績を残し続けている。五回くらいまで速球をミットに投げ込みながら、気が付いたら死球、四球、暴投で自滅していく。

この悪魔に魅入られたような変調は「イップス」（運動動作が心理的原因でできなくなる障害）が原因だと囁かれるようになった。これを克服したプロ野球選手三人、プロゴルファー二人を取材したのが、澤宮優『イップス　病魔を乗り越えたアスリートたち』だ。

この1イニングを彼にあげてくれ

種茂雅之

元日ハムの投手・岩本勉は、九八年から二年連続二ケタ勝利を飾るエースだった。ヒーローインタビューの「一、二、三、まいどっ！」の決めゼリフなど、やたらに明るい選手だという記憶がある。愛称「ガンちゃん」。しかし、かつて彼は「捕手にボールが届かない」投手だったのだ。

入団から三、四年、深刻な「イップス」で苦しみ、血の滲むような訓練で克服したと本書で分かる。この時期、二軍にくすぶり、ノーコンは悪化し、荒れる球に捕手がみな逃げた。荒井昭吾という私生活でも仲の良い内野手が、苦しみ抜く岩本の練習に辛抱強くつき合った。

四年目の九月、消化試合で、二軍監督の種茂雅之が岩本に登板を命じた。陰で選手たちにはこう告げた。「この1イニングを彼にあげてくれ」。もしメチャクチャに打ちこまれても責めるな、という意味である。そのことを知らぬ岩本が後ろを振り返ると、「大丈夫ですよ。後ろ守ってますから、どんな球でも捕ります」と、女房役のショート荒井が言った。この1イニングを岩本は無事抑えた。もう失うものはない。破れかぶれだったのだ。

六年目に転機が訪れる。監督コーチ陣が一新され、投手コーチにベテランの大石清が就任。体が強いのにサイドから投げていた岩本に、「俺の手に蝿が乗っていると思え。これを蝿叩きでやっつけろ」とリリースのコツを伝授した。「蝿叩き、蝿叩き」と念じながら投げていると、スピンが利き、ボールの威力も増した。日ハムにはいい監督、コーチ、選手がいるなあ。

それでもイップスが顔を出し、コントロールがばらけ痛打され二軍落ちをくり返す。もう後はない。大石とのイップス克服が始まった。夜間練習場でネットに向かい、連日五百球を投げ込んだ。捻挫した足の痛みを抱えながら西武戦に先発。不思議なことに「痛みのせいでイップスの意識がどこかに行った」。岩本はこの日三振を十一個奪った。本格派投手の誕生である。それも周囲の支えと気づかいがあったからだ。

あの日、二軍の試合で種茂監督が言った「この1イニングを彼にあげてくれ」がなければ、岩本の成功はなかった。

いつも座右に置いて親しむというわけではない。懐かしい友達から、不意に手紙が届くように、時間をおいて読みたくなるのが種田山頭火《さんとうか》。「分け入つても分け入つても青い山」「うしろ姿のしぐれてゆくか」など、托鉢《たくはつ》しながら漂泊の旅を続け、ユニークな自由律俳句を量産した。夏石番矢編『山頭火俳句集』が岩波文庫に収録されて、久しぶりに手に取ってみた。生涯一万句と言われた作品から、千句を精選し、日記と随筆も収める。大変便利な一巻本の山頭火集だ。

ひとりにはなりきれない空を見あげる

種田山頭火

山頭火・種田正一（一八八二～一九四〇）は、山口県（現在の防府市）の裕福な家に生まれたが、二十代までは複雑な人生を歩む。十歳の時、母が自殺（父の放蕩が原因と言われる）をし、これが生涯の心の傷となった。早稲田大学へ進学するも神経衰弱で退学。郷里で開いた父の酒造業を手伝う。結婚し子も得たが、事業に失敗、父は失踪する。

他家に預けられた弟は自殺する。

山頭火自身も離婚、酒に溺れるように。四十三歳で出家、四十四歳で最初の旅に出る。山頭火伝説の始まりだ。その頃作られた句がよく知られた「まつすぐな道でさみしい」「しぐるるや死なないでゐる」である。孤独と死への覚悟がつきまとい、事実、何度か自殺未遂をしている。二度、友人たちの援助で庵を編んだものの、定住が身につかず、また旅に出てしまう。

日記を読むと、托鉢で得られるのはせいぜい「銭二十銭米二合」（昭和十四年）ぐらい。当時の大卒初任給が百円だから、現在約二千倍として、大ざっぱではあるが四百円ぐらいか。これではとても酒を飲んだり、宿に泊まったりはできない。それでも旅を続けられたのは、俳句仲間からたびたび金銭的援助を受けていたからである。別れた妻や捨てた子どもからも送金してもらっている。なんという男であろう。

甘ったれていると言えば、まちがいなくそうなのだが、その上で生まれた詩境ということもできる。「もりもり盛りあがる雲へあゆむ」「やつとお米が買へて炎天の木かげをもどる」などは、死の年（昭和十五年）につくられたが、何とも言えない味わいがある。厳しさの中に、ひょっこり見える人懐っこさが、多くの読者を引きつけたのだと思われる。

高い地位や名誉はなくても、我々はたいてい多くのものに縛られて、狭い世間の中でため息をつきながら生きている。家や家族を捨て、漂泊の旅へ出るなどということは、よほどの覚悟が必要だ。山頭火はそれを実現し、旅を終えて死んだ。しかも、多くの友人たちがいつも迷惑をかけられながら彼を囲み、手助けをした。孤独を愛してはいても、一人で生きることはできないことを、彼はよく知っていた。「ひとりにはなりきれない空を見あげる」は、その上でつくられたのだった。

リストラ、過労死、ひきこもり、いじめ、離婚、家庭内暴力、非行と、核家族を舞台にしたトラブルは数えきれず、昨今、「家庭の崩壊」があちこちで叫ばれている。早くから家庭のなかで起こるさまざまな問題をドラマ化してきたのが山田太一だ。息子の世代といっていい年下の評論家・福田和也と対談してできた本が『何が終わり、何が始まっているのか』(PHPソフトウェアグループ)。これが卓抜な現代家族論となっている。

家族というのは、自分の顔と同じで選ぶことはできない、それは人間が出会う最初の限界ですね

福田和也

この言葉は、山田の家族に対する考え方を、福田が要約したものだ。物質的にも経済的にも豊かになって、家庭環境も整ったと思われるいま、若年層の非行や犯罪が起こるたびに「家庭の崩壊」が指摘される。これはなぜか。山田は言う。

「子供というのは、ことによると条件が悪いほうがよく育つ可能性が高いのに、これだけ豊かになっても更に条件をよくしようとする。人間関係を滑らかにしようとか、子供

の欲する環境をもっとよくしようとか」

あるべき家族の理想像をそれぞれが思い浮かべ、それに近づけようと努力する。そのこと自体は間違っていない。ただ困るのはショートケーキのような、きれいでおいしい姿の家族を作ろうとあがく。そんなきれいごとの家族なんてあるわけがない。

山田は一九七三年の「それぞれの秋」をはじめとして、七七年「岸辺のアルバム」、八三年「早春スケッチブック」、八六年「時にはいっしょに」など、一皮剝《む》けば、家族なんてみなバラバラで、何かアクシデントがあればすぐさま崩壊する脆《もろ》い姿を描いてきた。「それぞれの秋」の父親の脳腫瘍、「岸辺のアルバム」の母親の浮気、「時にはいっしょに」の両親の離婚と、平和に見えた家族の裸形がさらされる。しかし逃げられない運命共同体としての家族を受け入れることから、山田ドラマの描く家族は、再生を果たしていく。七〇年代、八〇年代の日本の家族は、山田太一が書く脚本によって、はっきりした問題意識の中でかたちを得たのである。

「私は、『家族』はもっと個別なものだと思いますね。外には見せられない、語れないような個別な悩みをたくさん持っているものであって、それを一般論として『家族論』として論じても、芯の部分が落ちてしまうと思う」という、まさにその「芯の部分」が山田ドラマの描く「家族」だった。

家族というものは思い通りにならないものだ。しかも誰もそこから逃げることはできない。見栄もはったりもなく、まずぶつかる「限界」を家族というあり方が教えてくれる。山田はそれを大事にしろ、というのだ。

「社会へ出たら、ほんとうに入れ替え可能なものばかりですから。その意味でも、私はやはり、家族を手放せないですね」

世間、職場、地域社会、学校とわれわれは「とりあえず」の人間関係に取り巻かれている。本当の自分の姿を照らし出すのは「家族」しかない。

一九八八年公開のアメリカ映画『レインマン』のラスト近くに出てくるセリフ。ダスティン・ホフマンとトム・クルーズが兄弟役で主演した。ホフマン演じる「レイモンド」は、自閉症だが驚異の記憶力と計算力を持つという設定で、公開当時はもの珍しい眼で見た気がするが、今は「サヴァン症候群」と呼ばれ、よく知られるようになった。

チャーリー（トム・クルーズ）はロスに在住し金策に追われる高級車ディーラーの社

冗談が言えたじゃないか

「レインマン」

長で、商売はどん詰まり。そんな折り、長く絶縁関係にあった父親の死を告げられて葬儀に出席するも、遺産の相続相手が自分ではない誰かであると知り失望する。その額、三百万ドル。金欠の彼にとって喉から手が出る大金だ。

父が自分に残したのは、一台のクラシックカーと庭のバラだけであった。納得のいかぬチャーリーが、名も知らぬ遺産の受益者をつき止めると、存在を知らされていなかった実の兄レイモンドであった。チャーリーは、自閉症で施設に長らく閉じこもる兄の後見人となり、遺産を半分手に入れるため、人質として無断で連れ出しロスへ向かう。

映画『レインマン』は、外界から自己を閉ざす兄と、自己の利益しか考えぬ弟の珍道中を描くロードムービーである。公開当時話題となったのはレイモンドの人並みはずれた能力。たとえばレストランで、床に散らばった爪楊枝を、ただちに「二百四十六本」だと数を言い当てる。また、ウェイトレスの名札を見て、電話番号を告げる。ホテルの電話帳で「G」のページまでをすべて丸暗記してしまったのだ。

環境が変わったり、決められたルーティンからはずれることを嫌うレイモンドに手を焼き、威圧的態度に出るチャーリーだったが、旅の一夜に、幼い頃、怖がる自分をよく歌をうたって慰めてくれた「レインマン（雨男）」という存在は、兄のレイモンドであったことを知る。感動的なシーンだ。このあたりから、チャーリーの中に温かい気持ちが流れ始める。レイモンドにとっても、ラスベガスでの騒々しい一夜や車の運転など、施設にいた頃には味わったことのない刺激的な「冒険」だった。

不安を感じる時、いつもアボット&コステロの漫才の一部（「一塁手は誰だ?」）を暗唱するが、それがジョークとは気づかないレイモンドに「それは冗談なんだ」と教えるチャーリー。冗談は関西人なら誰でも身につけている対人コミュニケーションの潤滑剤であるが、数学的頭脳は天才でも、レイモンドには無用のものだった。

そして、レイモンドが施設に戻ることになり別れの時がきた。「Kマート」でのショッピングに固執していたレイモンドが、「あれは最悪だ」と初めてジョークを言う。チャーリーの「冗談が言えたじゃないか」に、微笑むレイモンド。これぞ高度のコミュニケーションである。二人が本当の兄弟になった時、レイモンドを乗せたバスが走り去る。

「朝日新聞」（二〇一九年十月七日付）のオピニオン面に「記者解説　教員のなり手が減少」という記事が掲載された（編集委員・氏岡真弓）。大きな記事だが、読むうち暗澹たる気分になってくる。現在、教員のなり手不足は深刻で、教員の超時間労働（残業代が支払われない）により「ブラック職場」として学生に敬遠されている。

たしかに、この数十年で教員の労働環境は悪化している。「学力向上、いじめや不登校の指導、保護者への対応、部活動、事務仕事」と、小学校で約三割、中学校で約六割の教員が「過労死ライン」というから、ただ事ではない。「望ましい労働環境を実現する方法や、教員に求める役割についてもセットで考えるべきだろう」と氏岡編集委員は言う。二〇一六年度、公立小学校の年齢構成を見ると五十〜六十歳にピークがあって、やがて大量退職を迎える世代だ。事態は緊急を要すると分かる。

先生、もう少し生きていて下さい

本庄陸男

その時代の最高の人材が教師になるべきだと私は思っている。防衛費を大幅に削れば、その予算はつくれるはずだ。「国を護る」というが、子どもたちの育成に支障をきたせば、その前に国は亡びてしまうではないか。志ある若い先生や子どもたちが気の毒でならない。

本庄陸男《ほんじょうむつお》（一九〇五〜三九）という作家がいた。代表作『石狩川』（一九三九年）はベストセラーとなり、角川、新潮、新日本の各文庫に収録されていた。三十五歳で早世したのは結核のため。本庄は旧佐賀藩士の父が没落、一家で北海道へ渡る。『石狩川』も、維新で逆臣となった旧仙台藩の臣下たちが、故郷を追われ、北海道に入植し苦労する話である。

本庄は上京後、現・文京区に現存する誠之《せいし》小学校で訓導（正規教員の階級）をしていた。誠之小学校は公立ながら超エリート校で、卒業生の多くが一高から東京帝大というコースを進んだ。富永太郎、平塚らいてう、宮本百合子、中村光夫、中川一政、小山明子、金子信雄、森まゆみなど多数の人材を輩出した。本庄の教え子も三十数人がのちに東京帝国大に進学する。結核を患い死の床にある本庄のもとへ、教え子たちが見舞いに来てこう言った（浅見淵『昭和文壇側面史』）。

「先生、もう少し生きていて下さい。一、二年のうちには、みな大学を出て月給取りになりますから、そうなったら、みんなで毎月月給の一部をさいて先生の暮らしのお世話を吃度《きつと》見ます」

引き写しながら目の前が涙で曇る。なんという師弟愛であろう。生徒たちにとって、本庄がどんな先生であったか、この一件でよくわかる。しかし願いは叶わず、本庄は世を去る。本庄が亡くなったのは昭和十四年。日中戦争の最中で、二年後にはアメリカと開戦、太平洋戦争に突入していく。おそらくだが、二十代だった本庄の教え子たちも、戦地に狩り出されたであろう。教師も無念、生徒も無念。

これは、二〇〇八年に放送された倉本聰脚本ドラマ「風のガーデン」から。かわいがっていた犬を死なせ、悲しみに暮れる少年・岳（神木隆之介）に、祖父の貞三（緒形拳）が優しく諭すように言うセリフだ。貞三は岳に言う。泣くのはかまわないが、そんなに悲しむべきではないと。なぜなら、生きてるものは必ず死ぬ。死ぬってことは、生きてるものの必ず通る道だ。花が命を終えても涙を流さない。それは血を流さないからで、

悲しむっていう言葉はね、（中略）元々、愛しいっていう意味なんです

「風のガーデン」

しかしどちらも同じ命なのだと死の意味を説くのだ。

舞台は北海道・富良野。貞三は白鳥医院という個人病院の医師だが、通いの訪問医として、死期の迫った患者の自宅医療をサポートしている。医師という仕事を超えて、「死」について、つねに自覚的であり、先に引いたような言葉が出てくるわけだ。なお、このドラマは犬の死に始まり、いくつもの死がからまることで成り立っている。倉本脚本の

ドラマでは、「死」がよく扱われる（「君は海を見たか」「北の国から」）。岳にはルイ（黒木メイサ）という姉がおり、一緒にイングリッシュガーデンを造園している。名前は「風のガーデン」。ドラマのタイトルはここから来ている。二人の父・貞美（中井貴一）は日本有数の麻酔医で、東京の大病院に勤務。二人とは六年も会っていない。父の貞三に勘当され、富良野に立ち入ることを禁止されたからだ。六年前、貞美の不倫を許せず苦しんだ妻（ルイと岳にとって母）が自殺する。そのことを激しく怒り、父に絶縁を宣告されたのだ。

しかし今、その貞美が末期の膵臓ガンに侵され、余命いくばくもない。中井はこの役を演じるため、半年で九キロ減量するキャベツダイエットに挑んだという。痩せ衰えていく姿を、現実に減量することで見せた。彼の患者で、同じく末期ガンの二神（奥田瑛二）は、ひと足先にあの世へ旅立つから、死に彩られたドラマと言ってまちがいない。

一方、生きる力もこのドラマは描く。ルイが作るイギリス仕込みのイングリッシュガーデン。数万株が咲き誇る花の園で、姉と弟はもくもくと働く。じつは岳には知的障害があり、かつて施設に入っていた。彼にはピアノの調律に見せる絶対音感と、花の名を一度で覚えるバツグンの記憶力があった。祖父の貞三が花に独自かつユーモラスな花言葉をつけ、岳はそれらを直ちに覚え、暗唱する。例えば「オリエンタルポピー」は美しいがすぐ散ってしまう。ゆえに「女の盛りは四十過ぎからよッ！」。障害を持ちながら、人にない特異の才能を発揮しつつ、岳は花と生きる。

貞美と子どもたちの再会、そして貞美の死でドラマは終わる。驚いたことに、ドラマ放送開始直前に、貞三役の緒形拳が急逝。そのことを知ってこのドラマを見ると、「死」の意味はもっと深くなる。

二〇一三年は古本に関する本の豊作の年で、おもしろい本がずいぶん出た。大ベストセラーの三上延『ビブリア古書堂の事件手帖』シリーズの第四巻を筆頭に、須賀章雅『貧乏暇あり札幌古本屋日記』、札幌古書籍商組合『札幌古書組合八十年史』、内堀弘『古本の時間』、広瀬洋一『西荻窪の古本屋さん』、グレゴリ青山『ブンブン堂のグレちゃん』のちくま文庫入り、そして年末には古本界話題沸騰の小山力也『古本屋ツアー・イン・

それは、豊かな周辺だった

内堀　弘

ジャパン』が……。まるで古本屋本バブルの活況を呈している。雑誌も次々と古本特集に手を出し、あのオシャレマガジンの「BRUTUS（ブルータス）」までが古本特集を打った時は、私は思わず天を仰ぎ、「ブルータス、お前もか！」と呟いた。

なかでも、「石神井書林」店主・内堀弘の一冊が読ませる。内堀弘は、詩歌専門・目録販売の古書店「石神井書林」を経営。筆の立つ古書店主として知られ、忘れ去られた詩書出版社の面影を追ったルポ『ボン書店の幻』（ちくま文庫）は名著の誉れ高い。この内堀と『西荻窪の古本屋さん』著者の広瀬のトークショーが都内某所であった。両者ともに知遇である私も駆けつけた。

内堀は目録販売専門、広瀬は店売り中心の古書店主とスタイルは違うが、いまの古書業界について、それぞれ抱く志について熱く語った。とくに内堀の口から名言が次々飛び出し、私はあわててメモを取った。そんな中から今回はご紹介する。内堀は、一九八五年創刊の古書月刊誌「彷書月刊」に当初から関わった。毎回ユニークな特集を組み、巻末に全国の古書店の目録が掲載され、その掲載費が主な収入源だった。しかし、ネットが台頭し、目録の有用性が廃れたことで赤字が続き、二〇一〇年十月号をもって、三〇〇号で休刊となった。

その「赤字」体制について、内堀は、編集長であり古書店主だった田村治芳《はるよし》に詰め寄ったこともあるという。田村は休刊の翌年、二〇一一年元旦にこの世を去る。この雑誌からは、いま活躍中の作家・石田千が世に出た。そのほか、故・山口昌男を中心とした「外骨語大学」と称する集まりが生まれた。ここに坪内祐三、森まゆみ、月の輪書林・高橋徹、そして内堀も参加していた。

内堀は言う。「雑誌はつぶれたけれど、周辺とのつながりを残してくれた。それは、豊かな周辺だった」と。雑誌がすべてそうではない。ただ寄稿して、同じ目次に載る書き手とは面識もない、というケースがほとんど。しかし、「彷書月刊」は違った。人と人が出会う広場の役目を果たした。私も連載陣の末席に名を連ねたが、ここで多くの人と知り合うことになる。私にとっても「豊かな周辺」であった。それは、金額に換算できない「豊か」さなのである。

これは倉本聰の初エッセイ集『さらば、テレビジョン』（冬樹社）から。著者がまだ北海道の富良野へ行く前の時代に出された本だ。「前略おふくろ様」「あにき」など、数々のヒット作のシナリオを担当した際に生まれた、俳優たちとの交遊が描かれている。高倉健、萩原健一、桃井かおり、田中絹代など、ゆかりの人が続々登場。

岸惠子は、一九五七年にフランス人の映画監督と結婚して以来、長くパリに住んでい

日本人ていいなあと僕は思った

倉本　聰

た。彼女によれば、フランスでは何か事があると、最初に「それは私の責任じゃない！」と叫ぶという。徹底して責任を回避し、権利を主張し、自己を守る。

パリ時代の話。雨の日、タクシーを待っていたが、なかなか来ない。前のおばあさんが、次に待っている岸を振り返り、「次は私の番ですよ」と確認する。岸は「無論ですともおばあちゃん」と、自分は待っていても平気だと返した。すると、「いえいえあな

たからお先に」と態度を翻したという。そんな謙譲、寛容の精神を持つ者はパリにはいなかったのを、岸の態度がくつがえさせたのだ。

岸の別荘に泥棒が入ったという話。宝石貴金属から洋服まで、一切合切を盗まれた。保険に入っていたから申請をしたが、遠慮して書いたせいか、なかなか保険金が下りない。フランスの友人はそれを聞き、あきれて「フランス人はそういう時は実際には無くても常々欲しいと思ってたものまで余分に書き加えて出すくらいなのよ」と、言った。岸は「私って本当におっちょこちょいね」と笑った。しかしそれを聞いた倉本は思うのだった。「日本人っていいなあ」と。

これは少なくとも五十年は前の話で、今の日本人にこんな奥ゆかしさなど残っていない、と言われるかもしれないが、争いごとを嫌う、自分から強く主張しない国民性は、いまだ変わらない気がする。もちろんこれは欠点でもあるのだが、美質と欠点は背中合わせの関係にあるのだ。

小林桂樹の話も好きだ。若い役者を連れて酒場で飲んでいた時、「役者は辛抱が肝心だ」と彼らに教え説いている。そこへ酔っぱらいが入ってきて、人気俳優の小林にからみ出した。素知らぬ風にしていると、「何様のつもりだ」「カッコつけるなよ」と言いたい放題。それでもニコニコと笑っていた小林だが、突然パッと立ち上がるや、酔客の一人の胸ぐらをつかんだ。そして吐いたセリフ。

「堪忍袋の緒は切れるためにあるんだ！」

後輩たちにはさんざん「我慢せよ」と教えながら、とうとう怒った。しかし、このセリフ。じつに人間味のある名文句だと思いませんか。

そのうち、大学から文学部というものはなくなる、という話を聞いたことがある。とくに国立大学は、「国立」とは名ばかりで、じっさいは「大学法人」化され、経営は各大学の裁量による。こうなると営利企業と同じで、即効の利益を生まない文学部は軽視される。二〇二〇年度から実施される高校の「国語教育」では「文学」が選択科目になる。「文学」は役に立たず、退場すべきだと言わんばかりだ。

やっぱり文学というものは必要だな

山口　瞳

私学だって、文学部を統廃合して、別の名称で包括させるケースが多い。若い日、文学部以外に大学で入る学部はない、と思い詰めていた私などからすると、なんとも淋しい話だ。

もちろん、文学部へ行かなくても文学はできる。文学部イコール文学でもない。しかし、大学で「文学」を学ぼうとする若者が激減するなら、そのことの代償は必ず後代が払わなくてはならないと、私は信じている。

小説家の山口瞳が「ミナト・ヨコハマ・ぺとろーる」という文章で、横浜の根岸製油所のルポを書いている。巨大で超近代的な施設が建ち並び、人間の姿をまったくみかけない茫漠《ぼうばく》たる風景。そこで山口は「やっぱり文学というものは必要だな」と呟くのだ。以下、こう続く。

「三好達治や室生犀星というものは必要だな。長唄や一中節《いっちゅうぶし》や小唄なんかも必要だな。長火鉢も八ツ手の裏庭なんかも必要だな。それから銀座裏の小さなバーで油虫やネズミなんかが出て、はげちょろけたボックスがあって、いかにも頭のわるいホステスのいる酒場なんかも必要だな」

バーの油虫やネズミのどこが文学だと、思われるかもしれないが、山口の言いたいのは「人間くささ」ということだろう。文学が扱うのは、いくら科学や文明が進歩しても、一向に変わらないもの。生活していくうえで、消そうと思ってもまとわりつくもの。ときにそれは、みにくいものであったりする。もちろん、美しいものへの憧れも謳われた。

最近、丸山薫の詩を読み返していたら、こんな詩にぶつかった。タイトルは「汽車にのつて」。昭和二(一九二七)年の作。

「汽車に乗つて／あいるらんどのやうな田舎に行かう／ひとびとが祭の日傘をくるくるまはし／日が照りながら雨のふる／あいるらんどのやうな田舎へ行かう」

一八九九年生まれの丸山は、アイルランドの地を踏んでいない。ただ、解説によれば「彼の父が地方官であった関係から、彼は幼少年時を長崎、朝鮮、松江、東京、豊橋と転々した」。つねに漂泊する者の「エトランジェ」の思いがこの詩に結実した。これを読んだ同時代人は、この詩一つでアイルランドに憧れた。そこは「湖水をわたり　隧道をくぐり／珍しい顔の少女や牛の歩いてゐる」国だった。

見たこともない国への想像をかきたてる。これぞ、文学の言葉の力というべきだろう。ガイドブックは不要。詩が一つあればいいのである。

米マサチューセッツ州ボストン在住の私立探偵スペンサーを主人公とする『初秋』（ハヤカワ・ミステリ文庫）にあるセリフだ。ボストン大学で博士号を取った作家、ロバート・B・パーカー（二〇一〇年逝去）が生み出したこのシリーズは、二〇一一年邦訳された『春風』で四十作にもなる長寿ミステリ。

スペンサーにはスーザンという精神科医の美しい恋人がいて、窮地に陥ると、頼りに

泣くのはかまわないよ。おれも時折泣くことがある

「初秋」

なる相棒のホーク（黒人）が駆け付け、チームで難事件を解決する。これがシリーズの骨子だ。シェイクスピアを引用したり、相手を怒らせるへらず口を叩く、スペンサーの会話がお楽しみ。

そんなシリーズ中の異色作が、この『初秋』だ。スペンサーがある母親から依頼されたのは、離婚した夫から息子を取り戻すこと。十五歳の息子・ポールは母親の手に戻る

が、対立する愚かな両親の駆け引きに使われる道具でしかない。それを悟ったスペンサーは、ポールを引き取り、湖畔の小屋で自炊生活をし、彼に自立とボクシング、生きる力を授ける。愛情を知らないまま育ち、ボタンが取れたままのコートを着るポールは、最初、強引なスペンサーの教育に反発するが、やがて多くのことを学び成長していく。

つまり、『初秋』はミステリというより、疑似親子による成長の物語なのだ。何ごとも自分で決められず、痩せこけて、テレビ視聴に逃げ込むポールに、スペンサーが諭すシーンで出て来るのが今回のセリフだ。

その前に、スペンサーはこう言う。これが泣ける。

「『おまえが今のようになったのは、彼らのせいだ。両親が人間的に向上することはありえない。おまえが自分を向上させるしかないのだ』

ポールの両肩が震えはじめた。『それ以外に途《みち》はないんだよ』」

感情を示さなかったポールが泣く。そしてスペンサーの言葉だ。

「泣くのはかまわないよ。おれも時折泣くことがある」

以後、ポールはみるみるうちに体重が増え、スペンサーをなくてはならない存在として見るようになる。

今回引用したセリフ「おまえが自分を向上させるしかないのだ」を、私は日常的に服用している。歳《とし》は食っていても、利己心、虚栄心、傲慢《ごうまん》さから、こっちを不愉快にさせる人物はたくさんいる。思いがけない仕打ちにあって、怒りが噴き出しそうになる。そんなとき、思い出す。「相手が人間的に向上することがないなら、自分の方が向上するしかない」と。すると、不思議に心が平らかに、相手を許せる気持ちになる。愚かな人間に同調して腹をたてることは、自分をもっと愚かにするだけだ。そう思うことで、私はこれまで何度も難局を切り抜けてきた。

そして、大人になっても泣くことがあることも知った。いくら向上しても涙は出る。それを止める必要はないだろう。泣いてもいいんだと、スペンサーが教えてくれたのだから。

これは津野海太郎《かいたろう》の言葉。「雲遊天下」という百号以上続く季刊のミニコミ誌があって、一二〇号の特集が「田川律《ただす》と津野海太郎」。二人が巻頭で対談をしている。津野が七十七歳、田川が八十歳（当時）。私にとってはお二人とも業界の憧れの人。

二人は、ともに「黒テント」と呼ばれるアングラ劇団の初期に関わった人物。田川は舞台監督をしながら音楽の原稿を書き、津野はのちに晶文社という出版社で、植草甚一

衰えというのもおもしろいからね

津野海太郎

はじめ、サブカルチャーの名著を次々と作る。田川のエッセイ集『男らしいってわかるかい?』も晶文社から出た。

そんな二人が若き日より今に至るまでを、茶飲み話のように回想するのが「つかずはなれず約半世紀」という対談。一九六〇年代末から七〇年代の、もう取り戻せない激動の輝かしき時代を二人は生きた。

津野が東京・渋谷西南の坂の町「桜丘」の話をする。「住宅街ではあるんだけど、ある種のヒッピー・ムーブメントの拠点みたいになっていた」。田川が参加する「ニューミュージックマガジン」編集部、平野甲賀と及部克人《およべかつひと》のデザイン事務所、津野が関わる劇団「六月劇場」（黒テントの前身）事務所、アップルハウス、東京キッドブラザースの劇場、線路を挟んだ向こう側には寺山修司の天井桟敷館があった。まさに異種混合の文化爛熟《らんじゅく》の時代だった。

津野の回想では「下北沢の時代、田川さんのところに大阪のフォークの連中がみんな泊まっていた」と言う。「部屋の鍵をかけなかったりとか、合い鍵たくさん作って渡したりとか、いろいろしましたね」と田川。その頃、田川宅に寄宿していたのが中川五郎や大塚まさじ。じつは「雲遊天下」の常連執筆者でもある。寄り合い、睦《むつ》み合い、助け合った関係がその後も何となく、今にいたるまで続いているのだ。

後半は「老い」の話。集中力を失い、頭が弱くなり、書けなくなったと津野が言えば、「弱ってないというか、もともと何事もよく分かっていないから（笑）」と田川がかわす。「じゃあもうそれでいくしかないよな」と津野が笑う。大人の掛け合い漫才だ。

さらに津野は言う。

「七〇歳になってからもいろいろな発見があるよ。頭だけでなく体も衰えてくるんだけど、衰えというのもおもしろいからね」

超高齢化社会が訪れ、誰もが初体験である「老い」を迎えることになった。六十を過ぎたあたりから、年齢は同じでも、個人差や本人の意識により「老い」の進度に格差が生まれる。お年寄りにテレビ局などがインタビューする際、「いくつに見える?」と「若く言われることを期待する」ことが多くなった。みっともないなあ、といつも私は思う。

自然にあるがままに老いる、ということは非常に難しい。田川と津野の二人は「老い」を受け入れつつ、心技一体となった生きかたを示す。

老いることは怖くない。

生きていれば、今年（二〇二〇年）九十一歳か。三十九年前の夏、台湾旅行中に飛行機事故に遭遇し世を去った向田邦子の話である。その後に出た、妹・向田和子の回想本や各種雑誌の特集などで使われる写真は、当然ながら享年五十一以前の写真だから、なんだか、向田邦子はいつまでたっても若さと美貌を保っている印象だ。

人気シナリオ作家だった彼女は、一九七五年に乳ガンの手術をして、利き手の右手を

思い出はあまりに完璧なものより、多少間が抜けた人間臭い方がなつかしい

向田邦子

自在には使えなくなった。再発すれば、余命を数える状態にならないとも限らない。そんなとき、「銀座百点」という老舗雑誌から、エッセイを連載する依頼がきた。それが「父の詫び状」だった。最初の約束の一年が好評で延び、三年間の人気連載となり単行本化された。

以後、週刊誌で連載が始まり、小説を書かせようとする編集者が現れる。小説は、短

編三作が発表されただけで直木賞候補に上り、水上勉、山口瞳の強引とも言える後押しで受賞が決まった。その死まで、わずか五年ほどのできごとだった。

うるさ型の批評家・山本夏彦は、「向田邦子は突然あらわれてほとんど名人である。この人のコラムはこの週刊誌（註／『週刊文春』）の宝である」と絶賛した。その言葉を借りれば、向田邦子の「宝」は記憶で、戦前から戦後まもなくまでの、自らの家族史を、その匂いや手触りも含めて、克明に描き出した。

とくに、頑固一徹な父親については、みごとな肖像が造形されて、のちにドラマ「寺内貫太郎一家」の石屋・貫太郎のモデルとなった。『父の詫び状』（文春文庫）所収の「隣りの神様」に、父親の臨終したシーンがある。

六十四歳で心不全の急逝だった。夜中、家族が枕元に集まり、顔に布を掛けた方がいいと、母親が夫の顔を覆ったが、それは豆絞りの手拭いだった。そっと弟が白いハンカチと取りかえた。

葬儀の終わったあと、そのことを告げると「お父さんが生きていたら、怒ったねえ。お母さんきっと撲《ぶ》たれたよ」と笑いながら涙をこぼした。まるで向田邦子が脚本を書いたドラマみたいな名シーンだが、じつはつくり話だったという。名脚本家は真実もドラママみたいに作り替える。そこで続けて、「思い出はあまり完璧なものより、多少間が抜けた人間臭い方がなつかしい」という文章が来るのである。

たしかに、間の抜けた失敗が、あとになって温かく笑える思い出となることがある。私は、何年か前に函館へ仕事で行ったが、一泊ホテルつき往復の航空券をネットで注文するとき、あわてて「新千歳空港」で取ってしまった。気付いたのは直前で変更はきかない。その時はわがうかつさを呪ったが、これだって、十年後には笑えるような思い出となる。

一九九〇年春に、大阪から上京してきて、六月に小さな出版社に就職したのが、現在につながる私の仕事の出発点だ。小さな編集部で、新米ながら何もかもをやらされた。つまり、企画を出し、取材のアポを取り、取材原稿を書き、割り付け（レイアウト）をし、絵が描けるから絵も描いていた。おかげで、短期間で編集とライターの仕事を身につけることができたのだ。

理解できないからこそ愛という奇跡が生まれる

田中小実昌

低賃金で過重労働というおそろしく劣悪な労働環境であったが、三十過ぎの未経験者にとって、実践的な編集・ライター講座に通っていたようなものだ。不満はなかったのである。何より、温める席が毎日あるというのはいいことだ。

ささやかな楽しみもあった。不慣れな東京で、方々へ仕事で行けること、有名人に会えること、編集部の人と仕事帰りにお酒を飲めることは、新東京人にとって慰めとなった。また、わりあい誌面に自由な裁量が効いて、新たに映画紹介のページを作ったのも私だ。掲載誌を取り上げた映画の配給会社へ送ると、試写の招待状が届くようになった。週に一度くらいは、それを握りしめて、公開よりひと足早く、見たい映画を試写で鑑賞できるのはうれしかった。

また、試写会で、多くの有名人を目撃もした。ヘラルドだったか、淀川長治が席にいて、「あの淀川さんと同じ空間で映画を観ているのだ」と興奮したこともある。立川談志が、すぐ後ろの席に座り、試写が始まるまで同行者に映画談義をするのをずっと聞いていたこともある。今でもその記憶はあざやかだ。

何と言ってもいちばんよく見かけた有名人は、作家の田中小実昌（一九二五～二〇〇〇）だった。いつも一番後ろに近い席に座り、例の半円形の帽子をいつもかぶっていた。「あ、コミさんがいる」と思ったものだった。田中小実昌が、試写をはじめ、場末の二番館など、じつに小マメに映画を見ていたことはよく知られている。映画に関する著作も何冊かある。いま私が手元に置いているのが、ちくま文庫の「田中小実昌エッセイ・コレクション」の第三巻『映画』だ。

コミさんの映画鑑賞眼は独特だった。金のかかった大作はキライで「イモ」と切り捨てる。その中には私が感動した作品も含まれている。英語ができるから、観客がわからないスラングなどで笑ったりもする。小気味いいほど、わが道を行く姿勢を貫いている。

恋愛映画『女が愛情に渇くとき』（一九六四年／英）を、若い女性と見に行って、感想を聞いたら「男性って、やはり女の気持ちがわからないのね」と言った。コミさんは「冗談じゃない」と反論した。「わかってたまるもんですか。いちいちわかれば、おたがい、うるさくてくらしていけまい」。そして、続けて言ったのがこれだ。

「理解できないからこそ愛という奇跡が生まれる」

いいこと言うねえ。

偽装の上にウソを塗り固めて、金もうけに走った下品な連中が、真相の発覚で地に墜ちる事例は絶え間なく起こる。テレビとは怖いもので、会見で謝罪するその顔に、本音は別に隠していることがありありと見える。

戦後七十五年を経て、世界の一等国の仲間入りをするために、しゃにむに突き進んできたわが国の結末がこれだ。これで、どうして子どもたちに「ウソはいけない」などと、

正直に生きるということはそれだけでもいいものだぞ

「主計は忙しい」

大人が教え諭すことができるだろうか。

このところ山本周五郎を読み返している。一九六七年二月十四日に没した国民作家の代表作は、そのほとんどが新潮文庫でいまだに読める。恐るべき息の長さだ。私はどうにも胸のうちの凝りが取れず、鬱屈することがあると、故郷へ帰るようにときどき寝床で山周を読み返す。そして枕を濡らす。

今回読み返したなかに「主計は忙しい」（新潮文庫『あとのない仮名』所収）がある。このセリフはそこから取った。主人公牧野主計《かずえ》は、九百五十石の江戸屋敷勘定奉行の次男で、歳は二十五。とにかく年がら年中忙しがっていて、移動の道中は土煙をたてて駆けることから「韋駄天《いだてん》」とあだ名されている。

なにしろ、門弟三百人を抱える大きな町道場の師範代であるのに加え、病気がちの師範に代わり、会計も事務も務めている。あまりの多忙ゆえ、頼みごとや約束を忘却し、周囲にあきれられるあたりはユーモア小説ふう。

同じ門弟に、武田という使い手があるが、生活は荒《すさ》び、性格もいじけ、稽古で師範の嫌う奇手を弄《ろう》する。その相手となった主計は、武田に打ち負かされる。

「やるときはおれを相手にするがいい」と主計が武田に言ったことから物語が進行する。主計には、師範の娘・折絵という許嫁《いいなずけ》があったが、主計のよからぬ噂がたてられ破談となりそうになる。企んだのは武田だった。

それを知らず、折絵の鎌倉見物に武田を護衛役に付けてしまった。主計は馬を駆って追いつき、武田と真剣で立ち合い、あっというまに斬り倒す。右手の肱の筋を斬ったのだ。主計は、武田の剣が「いつか必ず身を滅ぼす」から、捨てよと諭す。そのあとに続くのがこの言葉だ。

「医者に来るように云うから此処《ここ》にいるがいい。じゃあ元気になれよ、気を変えればなにをしたって楽しく生きられる、縁があって会うようなときには、おまえの明るい顔がみたいものだ――武田、正直に生きるということはそれだけでもいいものだぞ」

あれもこれも達成せよ、というのではない。たった一つ、「正直に生きる」。それだけを守り通すだけでも人は生きる値打ちがある。心が晴れ晴れとしてくる小説である。

引用した元は、ネルケ無方『迷える者の禅修行』（新潮新書）。著者は一九六八年ドイツ生まれ。高校時代に坐禅と出逢い、仏道を志して来日。兵庫県の山奥にある禅寺「安泰寺」で出家し、のち大阪城公園でホームレスをしながら坐禅修行をする。現在は、得度した安泰寺で住職を務める。ユニークな経歴だ。

著者がそう書いているから、安心して引くと「日本のお坊さんは、もはや一般の人に

手放してみて、初めてそれに気づくことが出来る

ネルケ無方

仏教を広める『聖職』にあらず、単にお寺の管理人兼葬式法要を執り行うサービス業に成り下がって」いる（くれぐれも私の意見じゃありませんから）。禅修行を通して、日本で仏教を広める活動をするネルケ無方は、ドイツ人ながら、仏教の失われた根本を問い直す人であった。

ドイツ時代、七歳で母親をガンで失ったネルケは、少年ながら「人間は一体何のため

に生きているのだろうか？」と煩悶するようになる。十六歳で入ったクリスチャン・スクールに坐禅を親しむ先生がいて、ここで「坐禅に救われた思いがした」という。頭で思い悩む彼にとってそれは「身体の発見」であった。

六年の坐禅体験を経て、一九九〇年、二十二歳で大学を休学し京都へやってきた。「本物の禅」に触れるためだ。あちこちの寺を訪問し、最終的に、兵庫県の山奥にある安泰寺へたどり着く。ここは「自給自足の生活を守り、雲水たちは深い三昧《ざんまい》（中略）を二十四時間リアルに実践している」寺だった。

薪割り、農作業、ふもとの町への農作物の運搬など、きつい肉体労働の日々。坐禅の時間だけが「身体を休める絶好の日」というからすさまじい。

その後、安泰寺を破門されたり、山へ籠もったり、日本での仏教修行は一筋縄ではいかないものだったが、読者は真理を求めて七転八倒する著者の姿に、「青春」のあるべきかたちを見いだすかもしれない。そして、すべてを投げ捨てて、ホームレスとなる。小屋を建て、そこで坐禅を行い、托鉢《たくはつ》をする。かつて「雲水」と呼ばれた漂泊する坊主にそれは似ていた。

そこで得たのが道元の「はなてば手にみてり」の言葉。「つかもうと思っても、つかめるようなものではありません。握れば、かえって逃げてしまいます」。つまり「手放してみて、初めてそれに気づくことが出来る」という真理であった。

また、著者はホームレス仲間の輪に加わり、一緒に生活しながら、彼らが「生活の工夫をして、明るく逞しく生きて」いることに感動する。

「ホームレスを救済？　とんでもない。ホームレスよりも、毎朝肩を落として駅からビルの群れに向って急ぐ、サラリーマンやOLこそ救済しなければ――そのように思っていました」

この実感は、なんとも強烈だ。

春まちどおしき日々

明日咲く言葉の種をまこう

二〇一二年八月、電車内でのベビーカー利用について、是非をめぐるちょっとした論争があった。JRが、利用者への理解を求めるポスター（母親と赤ちゃんにお心遣いを）を貼ったところ、「邪魔」「通路をふさぐ」などの苦情が相次いだという。

たしかに、ベビーカーをそのまま（畳まずに）車内に乗せる光景は、二十年前にはあまり見かけなかった気がする。というより、畳めるベビーカーがいつ頃できたものか。

あせらず、むさぼらず

白洲正子

それ以前は、赤ちゃんを乗せたベビーカーを、そのまま電車に乗り込ませるという発想がなかった。電車利用の外出時には、母親はおんぶヒモなどを使っていたのではなかったか。

しかし、これをもし五十歳以下の人が怒っているとしたらおかしい。なぜなら、二十年後、年金世代になったとき、ベビーカーを必要とする幼児たちが成人し、低賃金で働き、税金を納め、自分たちを支える世代となるからだ。

「ベビーカー論争」はほんの一例。いまの世に目につくのは、他人の行動を許せない「不寛容」の精神がはびこっていることだ。スーパーのレジや飲食店で、ささいなことで店員をどなりつけ、あたりの空気を悪くさせている姿をよく見かける。

そんなとき、ちょっとこの話を思い出すのだ。

白洲正子が交遊のあった人々を取り上げるエッセイ『遊鬼　わが師　わが友』（新潮文庫）には、さまざまな傑出した人物が登場する。福原麟太郎を取り上げた一文を、今回、紹介したい。

福原は一九八一年に物故した英文学者だが、随筆の名手でもあった。一九八二年に福武書店から全八巻の随想全集が出ている。

白洲によれば、あるとき、福原が野球場へ行った。ところが満員で空いている席は一ヵ所しかない。空いているはずで、近づいてみると「柱が邪魔になって、よく見えない席」だったという。あきらめて帰るか、座ったがいまいましく不機嫌になるか。

福原はかまわずそこに座り「ふだんは見ることのできぬ角度から、選手の表情や試合の面白さを満喫」したというのだ。続けて白洲は言う。福原麟太郎は、「よく見えないならば見えないなりに、あせらず、むさぼらず、どんな所でも愉しむことのできる達人だった」。

この「あせらず、むさぼらず」という精神を平生から持ち合わせていたことが素晴らしい。福原は亡くなる前に、他には何もいらないから棺《ひつぎ》に入れてくれと家人に頼んだものがあった。それは『落語全集』だった。

シェイクスピアでも、専門だったチャールズ・ラムでもない。あの世で笑って暮らしたいと思ったのか。なんとも粋な話である。

若き日の鴨居羊子の姿を映した言葉だ。カモイヨウコとは誰か。

一九二五年に大阪で生まれ、戦後、新聞記者を務めたのち、斬新な女性向け下着デザイナーとして脚光を浴びる。九一年没。その後、彼女の生き方や業績が若い女性たちから再び注目され、『鴨居羊子コレクション』という全三巻の文集が発売された（二〇〇四年）。

私は貧乏のどん底にありながら、一ばん希望多き日々をすごした

鴨居羊子

自伝『わたしは驢馬《ろば》に乗って下着をうりにゆきたい』は、ちくま文庫より再刊。有り余る才能を小出しにせず、花びらをふりまくように、戦後の大阪を生きる輝かしい姿が叙述されている。

まだ女性向け下着が白のメリヤスもの全盛で、つまり実用一点張りの時代に、「実用的なことが同時に美しいというわけにはゆかんもんだろうか」と考えた。そして、黒や、

フリルのついたのや、透き通った下着、魅せる下着を世に送ったのが鴨居だ。新聞記者を辞めると上司に告げたとき、彼は冷たくこう言った。

「キミみたいなタイプが商売をするだって？　できると思っているかい？　トテモダメだ、と、ボク、思うね」

しかし鴨居は「下着といううすっぺらな一枚の布地は私への命題として発見した見事なモチーフ」だと信じ、退職金の三万円を握り、街へ飛び出す。それは革命だった。

大阪そごう百貨店の中二階の、わずか九坪のスペースを借り、下着の個展を開く。下着の個展なんて、それまで誰も見たことも考えたこともなかった。

「私はこの九坪の会場を全くの別世界に仕立てあげよう」と、鴨居の胸は躍る。そんな彼女に、百貨店の関係者が声をかける。

「鴨居さん、値段なんか心配せんでええよ、無を有にすりゃいい。それよりか、いっちょ、アッというヤツをやっとくんなはれ」

頭でっかちの新聞記者とはまるで違う。生きて働く商売人の心意気に励まされた。ただ鴨居の作った下着を見ないうちから、いわば「熱」だけを信じて、力になってくれた人たちがいる。お金はどんどん出ていく。好意から仕事をもらい、内職と制作に忙しかった。失業保険をもらいにいく時間さえない。そんな時、彼女は思うのだ。

「私は貧乏のどん底にありながら、一ばん希望多き日々をすごした」

銅版画家の山本容子の自伝『マイ・ストーリー』（新潮文庫）に、同じような個所がある。新進の版画家、しかも美人とあってたちまち人気の出た山本は、離婚後、二十一歳も年上の美術評論家と不倫、一緒に住み始める。部屋には何もない。「お皿も、コップも、お茶碗もぜんぶ二個しかない」、とても貧乏な「四畳半フォークのような暮らし」だったが、「でも、とても楽しかった」と書く。

貧しくとも幸せ……そんな時代を経験している人は、どこか芯が強く、輝いてみえる。金のみで生きる拝金主義からは名言が生まれない。

二〇一〇年、五月の終わりに長崎を訪ねた。長崎は、もう三十六年も前、大阪から高校の修学旅行で一度訪れたきり。このときは、皿ウドンを食べたこと、グラバー邸への坂道で息が切れたことぐらいしか覚えていない。記憶はすでに遠い彼方だ。

どうしても見たいものがあった。それが長崎駅からすぐ、西坂公園にある「日本二十六聖人殉教碑」だった。これを制作したのが彫刻家・舟越保武《ふなこしやすたけ》。いまでは舟越桂の父、

使ってりゃ錆びねえよ

「石の音、石の影」


と言った方が通りがいいかもしれない。私は桂も好きだが保武の大ファンで、著作『巨岩と花びら』（ちくま文庫）、『石の音、石の影』（筑摩書房）も愛読している。

長崎は戦国時代から海外交流の窓口となり、とくにフランシスコ・ザビエル来日以来、キリスト教布教の拠点であった。信長の庇護の下、キリスト教は宣教師たちの手により、この地に切支丹《キリシタン》を増やしていくが、秀吉の治世に弾圧が加えられ、背教を拒んだことで

多くの殉教者を生んだ。その数、「島原の乱」だけでも三万七千人とも言われている。

一五九七年二月五日（慶長元年十二月十九日）正午、京都と大坂で捕らえられた六人の宣教師と二十人の日本人信者がこの西坂で処刑された。そのうち三名は十代前半の少年で、最年少はまだ十二歳だった。西坂は明治に至るまで、刑場として使われた。一六二二年九月十日（元和八年八月五日）に、同じく西坂で五十五人が殺された「元和の大殉教」を描いた絵を見ると、いまは小高い丘になっている西坂が、かつては海に突き出た岬であったことがわかる。

一九六二年に建てられた「二十六聖人殉教碑」は、聖衣と着物をまとった二十六人全員が、横一列に等身大の祈る姿で並んでいる。その凜とした表情、祈りを唱える口元、昇天を表した爪先だった裸足の足と、見ているだけで心に迫るものがある。「この制作に私は私なりに、作家生命を賭けるつもりで、四年半をこれに没頭した」と、舟越は『巨岩と花びら』に書く。舟越が精魂傾けて彫った作品を長崎で見られて、幸せだった。

舟越は一九三九年に東京美術学校（現・東京藝術大学）の彫刻科を卒業し、独学で大理石の直彫《じかぼ》りを始める。先生は近くに住む墓石屋の親方だった。猫背でぶっきらぼうな職人の下で、鑿《のみ》を跳ね返す大理石と格闘し、ようやく頭像を彫り上げる。使った鑿は赤錆が出て醜い。ところが、親方の鑿は鋼鉄の底光りがして美しい。どこに差があるのか。聞くと、親方は「使ってりゃ錆《さ》びねえよ」と一言いった。「あたりまえのことを言っただけなのだろうが、私には、ずしりと応える深い意味がひろがった」と『石の音、石の影』で書いている。

一つの仕事を真剣に長くやっていて、出てくる真実の言葉はいつも「あたりまえのこと」だ。そこにたどりつくために、無数の失敗と気の遠くなる努力が必要なのだ。

山崎方代《ほうだい》が作った歌だ。この一首は、いつも私が使っている手帖の扉に書き付けて、頭の中がこんがらがって立ち往生した時などよく読む。

昔から、今日できることを明日に延ばすなとか、後悔先に立たずとはよく言われるが、この歌はまるっきり逆のことを言っている。今日のうちにしないと後悔することでもうっちゃっておいて、寝てしまえ、という。眠って、明日の朝に目が覚めれば、どうせまた一日が始まり、闘いが待っている。だからこそ、もう今日は何もかも忘れて眠ってしまえ、という。

今日は今日の悔を残して眠るべし
眠れば明日があり闘いがある

山崎方代

そんなことできるわけないじゃないか、と反発する人もいるだろう。今日中に果たさないと、責任を問われることだってあるだろう。そんな場合に、この歌はあまりに無責任で野放図だ。もちろん、それはそうなのだ。

戦後の復興期から数えて、半世紀以上も日本人は「今日できることは明日に延ばさない」でがむしゃらにやってきた。いや、明日できることさえ今日のうちにやってきた、と言い直してもいい。それゆえの繁栄と豊かさを手に入れた。他国から賞賛されてもいいことだろう。

しかし一方で、その前倒しの過重な労働と、なりふりかまわぬ勤勉が、心の余裕をブルドーザーのように踏みつぶしていったとも言えるのである。いま繁栄と引き換えに失った心の重さを疑う人はいないだろう。

山崎方代は一九一四年に山梨県で生まれ、八五年に七十歳で亡くなっている。戦争で視力をほとんど失い（右目は失明）、定職に就かず、独身のまま、酒と歌を愛して生涯を閉じた。放浪の人生だったが、後半生は鎌倉の知人の敷地に建てた掘っ立て小屋で暮らしていた。この点、小豆島に庵をかまえ、自由律俳句を作った尾崎放哉《ほうさい》ともつながる。残した歌集は四冊。死後、近年になって評価が高まり、文藝春秋から選歌集『こんなもんじゃ』が出て、一躍その名を知られることになる。

彼は社会的に言えば人生の敗残者で、田澤拓也の評伝のタイトルを借りれば『無用の達人』（角川ソフィア文庫）である。ただ、生きただけの人、といっていい。明日できることを今日してしまう必要性のまったくない人だった。冒頭に挙げた歌と似た傾向の作品を挙げる。

「明日は明日の生きかたがある　一輪の花と財布をおし込みて去る」
「明日のことは明日にまかそう　己れよりおそろしきものこの世にはなし」

今日することを明日に回すというのは消極的な人生のようだが、明日が必ず来るという確信があってのことだから、逆に、強いとも言えるのである。映画『風と共に去りぬ』の中でも、名セリフ「明日考えよう」がある。
眠ることで一度人は死に、次の朝目覚めることで再生する。生まれ変わった人間になるのだ。だから君よ、もういいから今日は眠ってしまえ。

これは、中上哲夫詩集『エルヴィスが死んだ日の夜』（書肆山田／二〇〇三年）の一節。「再発　高橋睦郎さんに」とタイトルがついている。高橋睦郎も詩人だ。前後を含め、あらためて引く。

「人間はなんて弱い生きものなのだと嘆くひとがいるけれども／人間ほど岩乗《がんじょう》なものはいないと思うね／電気製品だったらとっくの昔に壊れているよ」

人間ほど岩乗なものはいないと思うね

中上哲夫

詩の出来や内容とは別に、私はここを読んで、なるほどと思った。エベレストへの無酸素登頂なんて話を聞くと、そこでもやっぱり人間は強い生きものだ、と思う。同じく、酷寒の九千メートル近い高峰では、家庭の電気製品など、たいてい役に立たなくなるだろう。

何を言おうとしているか。滋賀県大津市立中学での「いじめ」により中二の男子生徒が自殺した事件だ（二〇一一年）。ただし、学校側の対応への批判は、すでにマスコミ報道にあふれ返っている。学校や教師を「悪者」にして、結局、ことの本質に触れられないまま、騒ぎは終わるだろう。そして「いじめ」は決してなくならないのだ。

元WBC世界フライ級王者の内藤大助が、この問題を取り上げた朝のワイドショーに出演していた。北海道の貧しい母子家庭で育った内藤は、中学時代、酷《ひど》いいじめを受けていたという。したり顔でコメントをする司会者を含む、ほかの出演者と違って、内藤はカメラの前で最初っから動揺していた。視線を泳がせ、何度も身体を動かしているのでそれとわかる。

うまいことを言おうとは思っていない。また、彼の言語能力はいまひとつである。自分の「いじめ」体験を話し、教師や親にはSOSを出せないものだと言った。そして最後に、「いじめは必ず終わることを知ってほしい。一人で抱え込んではダメ。電話でもいいから（「いじめ」の相談窓口がある）、とにかく誰かに（自分はいじめられていると）言ってほしい」と、いじめられている子どもたちにメッセージを送った。その顔は悲痛だった。

人間は自宅マンションの上から飛び降りれば、それで簡単に命が終わる。そうして、いじめを受けていた男子中学生は、自分の人生を閉じた。その意味では、人間はいかにも「弱い」ものである。

しかし、中上哲夫の詩が言うように、一面では「人間ほど岩乗なものはいない」とも考えられる。「弱い」と考えるか「岩乗」と考えるか。そこに生きぬく「ヒント」が隠されていないだろうか。〇〇中学の二年生、と言うとき、その立ち位置以外に自分には選択肢がないように思える。しかし、父親母親にとっては、大切な命でもある。ほかに生きぬく道はいくつもあるはずだ。

「弱い」自分に震えている地獄のような毎日。人間は「岩乗」なんだよと、誰かが教えてあげてほしい。何もなければ百年だって生きられるんだよ、と。

『作家という病』（講談社現代新書）という本をおもしろく読んだ。著者の校條剛《めんじょうつよし》は、長年新潮社で文芸編集者を務めた。その間につきあった作家の素顔を、強烈なエピソードをまじえながら描いている。

「彼女の家の玄関チェーンを『ぶった切ってやる！』」渡辺淳一、『すいません』を繰り返しながら原稿は遅れる」井上ひさし、「賞品総額一千万円の福引が新年会の恒例行事」

旗振るな 旗振らすな

城山三郎

山村美紗など、驚愕の姿を、著者は作家の「業《ごう》」と見る。

経済小説の第一人者、城山三郎の章をとりわけおもしろく読んだのは、そこに書かれた城山の仕事場を私も訪れたからだ。二〇〇七年三月死去、とあるから、私が城山に会ったのは同年の一月。城山の本を、聞き書きで作る企画が立ち上がり、構成者に指名された私は挨拶にうかがうことになった。

本書にもある「茅ヶ崎駅前のマンション内の仕事場」へ赴き、編集担当者二人と私で、しばらく会話を交わした。膝まで毛布をかけ、寝椅子にくつろぐ姿は、お世辞にも「お元気で」とは言えず、言葉のやりとりもスムーズには行かなかった。

それでも戦争体験、同じ茅ヶ崎在住の開高健についての回想など、じゅうぶんに話としてはおもしろかった。ただ、記憶の混濁が見られ、聞き書きで本を作るのは難しいかもしれないという編集者の判断になった。その点は残念だったが、高潔な人物に触れた快感があった。そして話が終わると、これも本書で「城山は、編集者にご馳走してくれる人」と書かれているように、我々は駅ビルのレストランでご馳走されたのだった。

『作家という病』では、城山が紫綬褒章の申し出を断った話から始まる。断る意思を妻に伝えたところ、「もらってほしい口ぶりだったので、『まだ、おまえは俺のことが分かってないのか』と叱責したという」のだ。これは、城山が軍隊へ行き、「大義」のもと、国家から裏切られた記憶があったからだ。

小泉内閣の時代、すでに高齢だった城山が、個人情報保護法の制定に断固反対した姿も、反骨、高潔の人というイメージを我々に強く印象付けた。

「特定秘密保護法」が強行採決され、成立したこと（二〇一三年）を、城山が生きていたら、どう思っただろうか。冒頭に引いた「旗振るな／旗振らすな」は、城山の自作の詩「旗」にある二行。民衆を使嗾《しそう》し、戦争や対立を煽るのが「旗」である。

「愛国心」を強制する動きにも反対していた城山は、一九五九年に出た『大義の末』（五月書房／角川文庫）で、すでにこう書いているという。

「みんなが幸せにくらせる国をつくれば、黙っていたって愛国心は湧いてくるじゃあありませんか」

このセリフは、岡崎京子のマンガ『ヘルタースケルター』(祥伝社)より。この作品は一九九六年五月に連載が終わるが、その直後、作者の岡崎は飲酒運転の車には撥ね飛ばされ、頭蓋骨陥没の重体となる。二十年近くを経た今も、彼女は復帰を目指しリハビリ中だという。

吉本ばななをはじめ、他ジャンルの表現者たちも傑作として評価する『ヘルタースケ

変化や速度をおそれてはいけないよ。

岡崎京子

ルター』は、全マスコミの話題を独占し、若い女の子たちの間で絶大な支持を受けるスーパー・アイドル「りりこ」の物語。スタイル抜群でファッションリーダーでもあるりりこは、女王様を気取り、周囲にわがまま放題で君臨する。付き人の羽田(若い女性)に無理難題を言いつけ、彼女の見ている前で、その恋人を誘惑しベッドインする。

「いつだってそうよ。しなくてもいいことをしてしまう。だけど、何かしていないと、

いてもたってもいられないのよ」というりりこの内的独白は、彼女の焦燥感と深い孤独を示すものと考えていいだろう。なにがなんでも美人になりたい。痩せたい。有名になりたい。ちやほやされたい。若い女性たちの果てしない欲望を増幅させる芸能界の、ぞっとする裏側を岡崎はみごとにえぐり出す。

しかし彼女の美貌の実態は、たび重なる過激な整形と、過度な薬物投与による人工的なものだった。そして、熱で溶けるプラスティックのように、彼女は壊れ始めるのだ。りりこの人工的美を作ったクリニックに「臓器売買及び薬事法違反」の嫌疑をかける若き検事・麻田は、りりこの美を「モンタージュ」と見破っている。

高いビルの屋上で交わされた、部下の若い女性との会話の中で、「誰でも年をとることはおそろしいですわ」という言葉に対して、麻田が告げるのが今回引いたセリフだ。そしてこう続ける。

「思い出も喜びも攻撃性も欲望も静けさも、徐々に会得したものだ。若い日々の行動を忘れてしまうことも、新しい経験だよ。ごらん今朝の空を。昨日とはまったく違う、生まれ変わった空だ」

思えば、戦後日本は「若いって素晴らしい」と言い過ぎた。若いという特権を、高度成長の燃料として酷使し、若者を甘やかし続けた。そのつけが、夢も目的意識も失い、刹那的に生きる亡霊のような若者たちの群れと、人類史上初の体験となる超高年齢化社会の到来として私たちを待ち受ける。

「年をとること」を「新しい経験」として喜んで迎え入れ、「今朝の空」を、昨日とは違ったものとして感じられるようになれば、この愚劣な社会をなんとか生き延びられるかもしれない。

「変化や速度をおそれてはいけないよ」を胸に抱いて生きていこう。

六十年も超えて生きていると、当然ながら人生における折々の局面で、つまずくことも立ち往生することもある。うれしいことも忘れないが、それ以上に、切なかったこと、苦しかったこと、むやみに腹が立ったことも忘れない。交差点で信号を待っている時など、ときに、過去の屈辱や腹立たしい経験を思い出し、胃液がこみあげることもある。

要するに修行が足りないのだ。いつも穏やかな表情で、笑みを浮かべながら生きてい

ウンと言ふんですね

池島信平

けたらどんなにいいだろう。事実、苦しみや悲しみの痕《あと》を残さず、明るく生きている人もいる。ただし、そんな人の胸の内がどうなのかは別問題。

今回、引用するのは丸谷才一のエッセイ「剣豪譚《たん》」から。剣豪になぞらえ、人生の達人として池島信平について書かれた文章だ。池島は文藝春秋社長を務めた名編集者。交遊も広い。一九七三年に死去。東京市本郷区生まれの江戸っ子である。

ある時、仕事上のことで丸谷才一のもとに某氏から依頼があった。某氏は丸谷の愛読者で人間としては悪くない。ただ、依頼については、丸谷は少し気に食わない。素直に返事がしにくい。どうしようと迷っていたところ、池島信平に事情を説明し相談した。返ってきた答えがこうだった。

「人生つてものは、敵が千人で味方が千人なんです。敵の千人がへることはぜつたいない。とすれば、味方の千人がへらないやうにするしかないんですよ。よほど厭ならともかく、がまんできることだつたら、ウンと言ふんですね」

丸谷は納得して「はい、さうします」と返事して、礼を言った。これはなかなか含蓄のある言葉だ。

池島の名回答の後半ぐらいは誰でも言える。つまり、気持ちはわかるけど、がまんできるんだったら、ウンと言ってしまいなさい、とは私でも言えそうだ。しかし、この回答の眼目は「敵が千人で味方が千人」という部分。ね、そうでしょう？

「敵」とは、自分のことを気に食わない、嫌っている人物。具体的に対立することがなくても、どこでどう人の怨みを買っているかわからない。曲解、ということもある。話せばわかるケースもあるが、どうせ相手は初めっから「敵」視しているから、そんな機会も訪れそうにない。敵はそのままずっと敵。まことにつらく、厳しいことだが仕方がない。

そう考えると、味方についてくれている人を大切にするしかない。その味方さえ、うまくやらないと敵に回る可能性がある。だったら、多少の不満はがまんして「ウンと言ふ」ことが大事なのである。眉をしかめるより、「ウンと言ふ」練習をしよう。

笑っていいときは笑っていいんですよ

大石芳野

一九七〇年にカンボジア内戦が始まり、五年に及んだ。その中で生まれたポル・ポト政権は徹底した独裁で、ナチスのホロコーストに匹敵する虐殺を行った。カンボジアで二百五十万人の命が奪われたという。NHK「映像の世紀」で知ったのだが、この政権下でこの忌むべき男は自国の子どもたちを家族から引き離し、集団労働を課しながら思想教育を行った。新しい理想郷という名のもとに、学校、病院、伝統を排し、子どもたちは泣くことも笑うことも禁じられた。泣くこと、笑うことは、子どもにとってもっとも大事な感情表現なのに。

なにも、こんな極限下の例を出すまでもない。自由を標榜する国のもとで、互いに監視し合いながら、笑うことを規制する空気が働くことがある。大災害の時などそうだろう。たしかに笑っている場合ではない。しかし、その暗黙の規制が長く続けば、回復すべき被災者の心を無言の圧力で曇らすことにもなる。

写真家・大石芳野とタレント・永六輔が、四十年以上の交流を経て、さまざまなことを語り合った『レンズとマイク』という本が出た。本書のプロフィールを借りれば、大石は「約四十年にわたりドキュメンタリー写真に携わる。戦争や内乱、急速な社会の変容によって傷つけられ苦悩しながらも逞しく生きる人びとの姿を、カメラとペンで追っている」。もちろん、「三・一一」東日本大震災の際も一カ月半後に福島入りし、悪夢冷めやらぬ人々を撮っている。

「写真を撮ること、撮られること」「民俗や民芸へのまなざし」「沖縄と原発」など、二人の関心は多岐にわたる。永六輔もボランティアで何度も東北へ出かけた。そこで被災者たちから聞いたのが「東北へ行くのは、ボランティアに行かなくても、温泉に入って、おいしいお酒を飲んで、おいしい料理を食べて、それで酔っぱらって帰ってきてもいいんです」という意見。

それを聞いて永は、「そういう歌は昔からありますよ」と言い、「トオホクヘイキタイ」と続けた。これは永作詞によるヒット曲「遠くへ行きたい」と掛けている。つまり、笑わせようとした。すると「また、笑いものにしていると叱られた」。たしかに、これが録画されてテレビ放映されるなら、この部分は自粛でカットされてしまうかもしれない。

ところがベトナム、コソボ、アフガニスタンなど、紛争地域の戦渦を撮り続けた大石芳野は、こう言うのだ。

「笑いごとではないけれども、笑っていいときは笑っていいんですよ」

笑えるときは笑った方がいい。それができない時代が、いかに息苦しく悲惨かは暗い歴史が知っている。

四月、始まりのとき。新社会人が街にあふれだす。学生から社会人になって、変わることは数々あるが、冠婚葬祭でちゃんとした挨拶を要求される、というのもそのひとつだろう。学生なら「どうも」と頭のひとつも下げれば許されることでも、社会人となればそうはいかない。

なかでも通夜、葬式の「くやみ」は難しい。その難しさを笑った「くやみ」という落語があるくらいだ。口べたで「何と申し上げてよろしいやら」を繰り返す男、くやみに来て自分の商売の宣伝をする炭屋。そんななか商家の女子衆《おなごし》が立て板に水のごとく、みごとなくやみを述べ、葬式の参列者一同を感心させる。

しかし、破綻のない、形式的なくやみばかりが続くと、ときに正調を打ち破った心情あふるる一言が胸に迫ることがある。

悲劇やなあ

食満南北

日本のコピーライターの先駆で、川柳作家として一家を成した岸本水府《すいふ》。彼の生涯を描いたのが田辺聖子『道頓堀の雨に別れて以来なり』（中公文庫）だ。水府の可愛がる若妻が、長男を産んだあと、産後の肥立ちが悪く、そのまま十九歳で逝く。葬式の日、友人である、これも川柳作家の食満《けま》南北がこれを我がことのように悲しみ、水府に向かってこう吐く。

「悲劇やなあ」

「このしみじみした短い言葉が、いちばん水府を慰めた」と田辺は書く。

長々と続く慰めより、友人の胸の底からしぼりだされた直截な感情表現が、当の本人の気持ちを言い当て、それで慰められることがある。

似たような例が澤田隆治《たかはる》『笑算われにあり』（徳間書店）にもある。もっちゃりした芸風で、人気のあった落語家・林家小染《こそめ》。並外れた酒豪で、酒の失敗が多い。四代目染丸という大名跡の襲名を期待されるが、酒のためのしくじりで話は立ち消えてしまう。澤田は小染に奮起をうながし、きびしくアドバイスした。

ところが、一九八四年一月二十九日未明、酒に酔い失敗をした小染は、まるで車に飛び込むように道路に躍り出て、二日後にこの世を去る。訃報を聞いた故・笑福亭松鶴《しょかく》の言葉。

「なんちゅうこっちゃ、ものいう元気もないわ」

戦後、火の消えかかった上方落語の復興に奮闘した松鶴も、いかにも上方らしい雰囲気を備えた小染に、期待を寄せていた。短い言葉に、期待の果ての失望が、すべて込められている。

「落語家の死は、その芸を持って消えてしまうのだから取りかえしがつかない。しかも、完成直前に亡くなってしまった落語家というのは、本人よりもとり残されたファンのほうに想いが残るのである」

澤田隆治は、上方笑芸を愛し、多くの芸人とつきあい、育てた人だった。

人の死は人に名言を生ませる。

文芸評論家・高橋英夫のエッセイ集『忘却の女神』（彌生書房）から見つけた。夕方雷雨があり、長い停電となった。そんなとき、大岡昇平が『疎開日記』のなかに書いた「停電は考えるのに便利だ」という言葉を高橋は思い出す。そこへ来客。「『ユリイカ』の三浦雅士君来る。停電中の訪問者は彼がはじめてだろう。短い原稿を頼まれる」

停電は考えるのに便利だ

大岡昇平

二〇〇六年夏に、首都圏で大停電があり、電車が停まるなど都市機能がまったくマヒし、大混乱を起こした。大量の電力消費に頼る都市生活者は停電に弱い。二〇〇五年公開の日本映画『大停電の夜に』は、クリスマスイブの夕方、東京が突如停電になるという設定のラブストーリー。

しかし日本は、先進国の中で、突出して停電の少ない国のようだ。二〇〇一年から翌年にかけてのデータで、一般家庭の年間平均停電時間は、アメリカ七十三分、イギリス六十五分、フランス五十七分に対し、日本はたった九分。停電に慣れていない日本人は、突然の暗闇にうろたえる。

『サザエさん』を読んでいると、じつに頻繁に停電のシーンがある。清水勲『古きよきサザエさんの世界』（いそっぷ社）に「停電」の項目があり、昭和二十六（一九五一）年連載分をまとめた『サザエさん』（姉妹社版第十巻）だけでも三度、停電ネタが扱われているという。

「戦後の電力不足は昭和二十六年ごろまで深刻で、『サザエさん』に盛んに描かれた」と解説されている。暗闇にローソクを灯し、食卓につく光景が普通に見られた。深夜、コンビニ前を通ると、煌々《こうこう》と過剰に光る蛍光灯の列を見て、不気味に感じる時があるが、現代人は遠く暗闇を忘れてしまった。

丑年と未《ひつじ》年の御開帳では大いに賑わう長野市「善光寺」に、「お戒壇めぐり」と呼ばれる暗闇体験がある。本堂床下にまったく陽の射さない回廊があり、その暗闇を歩きながら、壁の錠前に触れると極楽浄土が約束される、というものだ。私は先年、初めて「お戒壇めぐり」を体験した。手を鼻の先まで近づけても見えない、真の闇に最初は恐怖を感じるが、やがて光の中では休んでいた五感が発動し、神経だけが研ぎすまされていくのを感じるようになる。そして出口近くで次第に明かりが見えた時の安堵感《あんどかん》は、これまで経験したことがないものだった。

大岡昇平も、むしろ停電によってもたらされた暗闇を尊び、「停電は考えるのに便利だ」と書いた。街灯が点《つ》く近代以前の日本では、そもそも電気が使われず、夜の町は暗いのが当然だった。月の明かりだけが、闇夜を照らす光源だったのである。

データもなく根拠もない、単なる印象で書くのだが、夜が明るくなるのに反比例して、日本人から思慮というものが奪われていったのではないか、と思うことがある。音もなく、光もない闇の中では、人は眠るか、考えるしかない。そう考えると、戦後間もないころの停電がうらやましい。

武満徹の初めての著作『音、沈黙と測りあえるほどに』（新潮社／一九七一年）から引いた（一九六四年に自費出版でエッセイ集を出している）。

一九九六年に亡くなった、この世界的現代音楽作家の文章を私は愛している。そして、彼の名を一躍世界に知らしめた音楽作品「ノヴェンバー・ステップス（十一月の階梯《かいてい》）」を、一年に一度は聴きたくなる。

人生はあともどりしなければ、昨日とともにためらいもしないからだ

武満 徹

私は有名な音楽大学を持つ街の近くに住んでいて、街の通りや電車のなかで、清潔で美しい姿をして楽器を携えた若者によく出会う。いまや、クラシック音楽を本気でやろうとしたら、幼いときから高い月謝を払ってレッスンを受け、それ相当の値段のする楽器を与えられているはずだ。かなり高い経済力を持つ家庭に育つことが条件となる。貧しい音楽家志望の若者など、いまやほとんどあり得ないだろう。

武満徹は大学へ行っていない。音楽はほとんど独学。戦後のことだと思うが、若き日に、家にピアノがなかった。武満の談話によれば、町を歩いていてピアノの音がすると、その家に押し掛けて「ピアノを弾かせてください」と頼んだという。それで断られたことは一度もなかった。ときに親切にも、ご飯をごちそうになったこともあった。

ちょっと今では考えられないだろう。音楽家志望の若者に楽器がないことはもちろん、見知らぬ若者を家に入れ、ピアノに触らせるということも。武満は、紙に書いた鍵盤を折り畳んで携帯し、いつもそれで練習していた。

その後、月賦で買ったピアノは、ついに払えなくなって手放さなければならなくなった。進駐軍のキャンプで闇タバコを売って糊口をしのぐ日々だった。結婚して小さな部屋を借りたが、そこにピアノはない。

そんなある日、突然、一台のピアノが部屋に運ばれてきた。面識のない音楽家の黛《まゆずみ》敏郎が、苦境を知って、貸してくれたのだった。

二十歳のときに作ったピアノ曲「二つのレント」が新作曲派協会の発表会で初演された。しかし、これはおおむね不評で、当時権威のあった音楽評論家の山根銀二は新聞に「音楽以前である」と酷評した。しかし、初演された読売ホールの楽屋には、後年、日本の音楽界で重鎮となる秋山邦晴、湯浅譲二が感激して訪ねてきた。武満とは初対面だった。

冒頭に引いた言葉はカーリル・ギブランの詩の一節らしい。『音、沈黙と測りあえるほどに』には、詩人の瀧口修造と作家の大江健三郎が文章を寄せている。武満の仕事と存在は、他ジャンルの芸術家からも深い理解を示された。それは「昨日とともにためらいもしない」人生だったからだ。

こんな優れた文章家の仕事が、音楽愛好家だけにしか知られないとしたら惜しい。

長いエスカレーターの果てに、たどりついた駅のホームは、たった今、電車が出たばかり。「ああ、あと七分も待つのか」と、思わず天を仰ぐ。そんなとき、口からこぼれるのは「オレたちゃ山には住めないからに」という歌。「オレたちゃ町には住めないからに」（「雪山讃歌」）の替え歌である。「山」は「田舎」を意味する。

地方のローカル線では、午後の二時とか三時台には、一時間に一本の電車がない場合

そのぬくもりに触れているかぎり、人は孤独にならない

上前淳一郎

も珍しくない。たった「七分」が待てないようでは、とても田舎に住む資格はない。田を流れる清水、鬱蒼《うっそう》たる森、ゆったりと流れる時間と、テレビで見ている分には、自然に囲まれた環境をうらやましく思うが、生まれついての町っ子の私は、たぶん二、三日で飽きるだろう。

上前《うえまえ》淳一郎『読むクスリ29』（文春文庫）に、こんな話題が紹介されている。ハワイ

には表裏がある。つまり、海の見える側が表で「オーシャンビュー」、市街地に向いた側が裏で「シティービュー」。ハワイの旅行ガイドブックのホテル予約にも、必ずこの記述があり、宿泊料は当然ながら前者（海側）が高い。これ常識。

あるビジネスマンが、難しい腎臓移植手術を受けるため二年間休職して、ホノルル住まいをすることになった。こういう場合、コンドミニアム（賃貸マンション）を借りた方が安上がり。彼は四十階建ての二十五階の部屋を借りた。もちろんオーシャンビュー。快適なハワイの生活が待っているはずだった。

ところが夜になると、窓の外は「漆黒《しっこく》の闇」。真っ暗で何も見えない。オーシャンビューは昼間だけ。臓器提供者をただ待つ日々、「真っ暗な海を見ていると、孤独に耐えられないように思えて」きた。思いがけない事態。

同書によれば、ホノルルでは年間五件くらいずつ、コンドミニアムでの老人の飛び降り自殺があるという。美しい海を見たくて選んだ「オーシャンビュー」が、夜になると孤独の海に突き落とす。

このビジネスマンは、すぐさま部屋をシティービューに変更した。おかげで、無事手術も終え、帰国することになった。

彼が得た教訓は、ハネムーンならオーシャンビュー、老人や独身者はシティービュー
を選ぶこと。後者なら夜でも「街の灯が輝き、車のヘッドライトの列が見える。向いの
マンションの窓には人の気配がある」。そして今回引いた名言につながる。
「そのぬくもりに触れているかぎり、人は孤独にならない」
いまや世は「居酒屋ブーム」。酒と肴《さかな》を自分で揃え、家で飲めば数分の一の料金で済むのに、男たちは夜になると酒場へ向かう。これも事情は同じだろう。人のぬくもりなくして生きてはいけない。

谷川俊太郎の詩「朝」の一節。ここには、谷川が敬愛するフランスの詩人、ジャック・プレヴェールの有名な詩句「天にましします我らの父よ／我らは地上にとどまります／地上は時々美しい」（小笠原豊樹訳）が、おそらく遠く反響している。

止《や》まない戦火、親が子を殺し、子が親を殺す。「異常」という言葉が「平常」になった気象の暴発が豪雨となり家を押しながす。

あたり前な所のようでいて
地上はきっと思いがけない場所なんだ

谷川俊太郎

人間はあまりに愚かで、この地上はあまりに荒廃していると、ときにためいきをつきたくなる。しかし、虚無的な悲観からは何も生まれない。われわれはやっぱり、ためいきをつきながらでも今日も明日も生きていかねばならない。

「あたり前な所のようでいて／地上はきっと思いがけない場所なんだ」と谷川は詩に謳う。雨と風に叩かれながら立ち続ける一本の木のように、谷川が生み出したこの二行が、ときどき頭をかすめて私を勇気づける。

その前にはこんな言葉が置かれている。

「百年前ぼくはここにいなかった／百年後ぼくはここにいないだろう」

どんなにあがいても、人間が生きられるのはせいぜい百年。地球の誕生が約四十六億年前で、これを日曜日の午前零時として、現在までを一週間に置き換えると、人類の祖先・アウストラロピテクスが出現するのが週の終わりの土曜日、午後十一時五十八分二十五秒だという。

残されたのはたった一分半で、文明を持つのはさらに一秒余りを残すのみの時間。まばたきする間でしかない。それでも地球時間では一万年を要するのだ。

愛や苦悩や怨嗟《えんさ》や哲学や、その他、自分の人生をいかにもたいそうに色揚げているが、地球の時間では、まばたきする間のなかにみんなひしめきあって生きているのだ。だから逆に、「百年前ぼくはここにいなかった／百年後ぼくはここにいないだろう」といういまを、「思いがけない」場所だと思うこともできる。

谷川の詩には、平易ながら選びぬかれた言葉がふんだんに使われていて、心地よく我々にさまざまなものを気づかせてくれる。眠っている感受性を呼び覚ます力があるのだ。

司馬遼太郎がこんなことを言っている。

「人間の言葉には、心が付随している。高い感受性をもつ人の、相手にあたえる幸福というのは、相手の言葉に付着した心の部分をくまなく、それもみずみずしく受信してくれることである」

まるで谷川俊太郎の詩に対する批評のように読めるのだ。

宮本輝の短編集『五千回の生死』（新潮文庫）から。所収の一編「力」のなかの「私」は、そのとき「寝不足、決まりかけていた商談の決裂、妻の流産、三歳の長女」の過失と、悪いことが一度に起きて、ひどく気落ちしていた。そして、夕暮れのベンチで、なすすべもなく時を過ごしていた。

本来は子どもが遊んだり、幸せそうな恋人たちが憩う公園で、大人の男がたたずんで

元気が失くなったときはねェ、自分の子供のときのことを思い出してみるんですよ

「力」


いると、それだけでもの哀しくなる。

そのとき、貧しそうな老人が「私」に声をかけてきた。そして、ここに掲げたセリフ。

「元気が失くなったときはねェ、自分の子供のときのことを思い出してみるんですよ」。

老人は続けてこう言う。

「これが元気を取り戻すこつですなァ」

しかし「私」は、「郷愁は失意におもしを乗せるだけではないか」と反発する。世慣れた老人の含蓄深いセリフもわかるし、また「私」の抱いた反発もわかるのだ。すでに走っている車を加速するのは楽だが、停まっている車はいきなり加速できない。まずエンジンをかけることから始めなければならない。これがやっかいだ。

また、老人の言うように、はたして子どものころの「思い出」は本当に人を慰める力があるのか、という疑問もある。詩人・萩原朔太郎の孫、私にとっては「ビックリハウス」編集長だった萩原朔美が、母・葉子との共著『小綬鶏《こじゅけい》の家』（集英社）でこう書いている。

「思い出というものなどありはしない。というのが私の考えだ。思い出などない、思い出すという行為があるのだ」

思い出は、思い出すたび美化される。本当の出来事とは別物なのだ、と萩原朔美は言いたいのだ。

宮本輝の小説の「私」は、小さいころのことを「思い出」す。母親が語った父親のこと。酒癖が悪く、生活苦の中で女を囲い、ろくでもないと思っていた父親が、じつは自分を可愛がっていたことを母親が明かす。「私」は家から離れた曽根崎小学校にバス通学していた。入学後まもなく、いよいよ一人で登校した日は、アクシデントの連続。実は、その一部始終を、父に言われてそっと後を尾けていた母が全部見ていた。父は母の報告を「あとにも先にも、あのときぐらい」の大笑いで聞いて、息子が「帰って来るのをいまかいまかと待って」いたというのだ。このとき、「私」のエンジンが少し温まる。

過去のことを「美化」して思い出すことは、ある種の逃避だろう。決していま立ち向かっている困難の解決にはならない。萩原朔美は「人は変化する。同じように人の過去も変化する」と言う。そのことが間違いないにしても、自分に都合のいい過去が、いまの自分を慰めることもあるのだ。

幼い自分を、じっと見守る父親の目があったと知った「私」は、「私の幼いうしろ姿は、私という人間の中の路地に帰って行ったのだろう」と感じることができるようになる。

だからといって、いきなり展望が開けるわけではない。しかしエンジンが温まれば車は動き出す。

平均寿命が延びて、人生八十年という時代になると、問題は長い老後をいかに過ごすかだ。試しに知り合いの老人に、どう時間をやりくりしているのかと聞いたら、ほとんどテレビを見ているのである。それでも女性の方は、つきあいがあったり、家事も一人でこなしているので、それなりに忙しいらしいが、男性の時間を埋めるのは、圧倒的にテレビだ。

〝退屈〟っていう気持ちがわからない

熊谷守一

テレビが生まれてから、日本人の生活のなかで何が変わったかと言えば、退屈をおしつぶしたことだろう。とくにリタイアした人たちにとって、それまで仕事が占めていた一日の大半を、今度は素手で向き合うことになる。釣りでも登山でも、そのほか熱心な趣味でもあれば別だが、高齢化社会の直面している差し迫った問題は、「退屈」への処し方である。

ところが百歳近くまで生きて、退屈知らずという人もいる。画家の熊谷守一《くまがいもりかず》で、冒頭の言葉は八十代のとき、NHKの番組「あの人に会いたい」の取材に答えて発したものだ。同番組を書籍化した『あの人に会いたい』（新潮文庫）から、熊谷について触れておくと、明治十三（一八八〇）年に生まれ、昭和五十二（一九七七）年に没。九十七歳まで生きた。

東京美術学校を首席で卒業した熊谷は、二十九歳のとき、「蠟燭（ローソク）」というレンブラント張りの絵で文展に入選。将来を嘱望されたが、時流に乗らず、長い貧乏生活が続く。昭和二年と七年、二十二年にも子どもを病気で失うという辛い経験もした。

晩年に入って画風が変わり、庭の石ころや虫などを、単純な線描で描き、塗り絵のように単色で埋める独自の境地を築き上げた。それは西洋絵画の流れから来る日本洋画の歴史の上でも、まったく考えられなかったような新しい世界だった。

熊谷はキャンバス（画布）ではなく絵画用の板を用い、パレットは東京美術学校時代に自分で作ったものを、修理を重ねて七十年以上も使っていた。

熊谷は寒い日など、一日ずっと庭の見える部屋で座っている。退屈しませんか、との記者の問いに答えたのが冒頭の言葉。いつもつきっきりで世話をする秀子夫人が言葉を継ぐ。

「石ころひとつとってもね、そういうのを見ても遊べるし。それですから、ハエがいなくなるとね、寂しくなる、と言うんですけどね」

机の上にある、半分欠けた石ころが面白いという。大げさなものは何もいらない。庭さえあれば、それが熊谷にとって無限に広がる世界だった。退屈が忍び込む余地がなかった。

熊谷守一は、昭和四十二年に八十七歳にして文化勲章の内定を受けた。しかし、これを断ってしまう。理由は「これ以上人が来るようになっては困る」というものだった。絵と人が一体になった人生だった。

これは、ドイツの作家・詩人のエーリッヒ・ケストナー（一八九九〜一九七四）による詩「経歴概略」の一節。訳は、私の好みで板倉鞆音《ともね》のものにした。「世の中に生まれなかったものは大した損もしちゃいない」に始まり、若い省察とユーモアを込めて、自分の人生を振り返っている。

ケストナーと言えば、誰もが子どものときに読んだ『飛ぶ教室』を思い出すだろう。

ぼくは生きつづけた
いかに、とは問わないでいただきたい

エーリッヒ・ケストナー

あるいは『点子ちゃんとアントン』や『エーミールと探偵たち』とか。いずれも児童書として、小学校の図書室にあった本たちだ。経歴を知らなければ、児童向けの楽しいお話をたくさん書いた幸福な作家だと思うかもしれない。

とんでもない。

彼が生まれたドイツ東部のエルベ川流域にある古い町・ドレスデンは、大戦の空襲によ

り完膚無きまでに破壊された。ケストナー自身も第一次大戦に兵士として狩り出された。旺盛な執筆活動を始めるのは、ヒトラー率いるナチスが圧政を強《し》いる暗黒の時代だった。

ケストナーはナチスにとって危険な作家として一九三三年、執筆を禁じられる。著作は国内で発売されることもなく、焚書のリストに数え上げられた。預金は封鎖され、二度、ゲシュタポにより逮捕された。作家として手足を縛られ、いつ命を落とすかわからない。

事実、トーマス・マンやブレヒトはベルリンを脱出し、ベンヤミンやツヴァイクは自らの命を絶った。ほとんど独り、時代の証言者となるべく、ケストナーはベルリンにとどまった。

退路を断って、死を懸けたふんばりの理由を「自分はドイツに生まれた木である。だから枯れるときはドイツで枯れるとしよう」と答えたという。そんななかでも、彼の本は『雪の中の三人男』などが海外で出版されていた。いずれも傑作で、それはよく売れたから、ドイツも外貨を稼げるとあって目をつぶったのである。鋭い刃物の刃先を歩くような日々の中から、ケストナーはユーモアたっぷりの小説を書いた。そのことがすごい、と思う。

日本でも、高橋健二が「日本少国民文庫」というシリーズの名作選に、ケストナーの『点子ちゃんとアントン』を訳出して入れた。なにしろ戦中のこと。事後承諾を求める手紙と訳本、わずかな謝礼を面倒な手続きを経てケストナーに送った。ケストナーからはシベリア経由で、訳者の高橋に礼状とサイン本が届いたという（高橋健二『ケストナーの生涯』駸々堂出版／福武文庫）。

ここで引用した一行は、こんな一節に続く。

「それから長い休暇のかわりに世界戦争がやってきた／ぼくは徒歩砲兵隊とともに参加した／地球の動脈からは血が流れた」

本編のラスト一行は「ぼくは生まれてきた　にもかかわらず生きつづけている」。「生きつづける」ということが、どんなに大変なことか。ケストナーは知っていた。

以前、CS放送の映画チャンネルで、スティーブン・キング原作映画の特集があって、何本か見た。『ゴールデンボーイ』『黙秘』『アトランティスのこころ』などである。キング原作映画には、『シャイニング』『スタンド・バイ・ミー』『ミザリー』『ショーシャンクの空に』『グリーンマイル』など名作が多い。これはもちろん、原作自体がよくできているからだ。

ぼくがあなたのことを守ります

「アトランティスのこころ」

『アトランティスのこころ』もおもしろい映画だった。監督はスコット・ヒックス。一九六〇年夏、アメリカのある町に母親と男の子が暮らす。父親のいない十一歳のボビーを、美しい母・リズはあまりかえりみない。せっかくの誕生日のプレゼントが図書貸出しカードで、楽しみにしていたバースデイディナーも、自分の都合ですっぽかす。悪い母親だ。

そんなボビーの家の二階に、ある日、テッド・ブローティガンという老人が下宿人として引っ越してくる。扮するのは、名優アンソニー・ホプキンス。ちょっと風変わりなテッドを母は嫌い、なるべく息子を近付けないようにするが、ボビーはこの知的で不思議なムードを持つ男に魅かれ、やがて親密に時間を過ごすようになる。

テッドには、「世界でほんのわずかな人しか持っていない『こころの力』」（映画宣伝文）があり、つまり人の心が読めるのだ。その超能力を利用しようとする政府の組織は、彼を追い回し、そこからテッドは逃げてきた、という事情がおいおいわかってくる。

ボビーは、眼の悪いテッドを手助けして、新聞を読むアルバイトを始める。孤独な者同士、次第に心を通わせ合う二人。そんなテッドが、ボビーに頼みごとをする。この町で貼り紙をしたり、黒い服を来た男たちが現れるのをよく観察し報告してくれ、と言うのだ。

ただならぬ事情を察した少年ボビーは、祖父ほど年上のテッドにこう告げる。

「だいじょうぶ。ぼくがあなたのことを守ります」

私はこの時五十代半ばを過ぎていて、いまだにちょっとしたアクシデントにうろたえ、煩悶し、自分を見失ってしまう。少年の頃は、大人になれば、もう少し心が強くなり堂々としてられると思ったが、ダメだった。

そんなとき、たとえ年下の少年からでも「ぼくがあなたのことを守ります」と、まるで守護天使のように告げられたら、その言葉を信じたくなるだろう。

いつでも、誰だって、誰かから守られていると感じられなければ、とても世間の荒波を乗り越えてはいけない。親兄弟、家族、友人……声には出さねど、自分のことを気にかけている人がいるとしたら、それは「守ってもらっている」と考えたほうがいいのではないか。また、そう信じたいと映画を見ながら思った。

暇という鉱脈

糸井重里

最近「暇つぶし」という言葉を聞かなくなったように思う。スマホの出現のせいだ。SNSでのつながり、検索、ゲームなど、手元に万能があるため、時間の隙間が埋められるようになった。「暇つぶし」という言葉の意味は「時間的余裕が生じた際などに、本来要求されていない行為・作業などを実施することによって時間を消費する代替行為の一つ」だそうだ。しかし、「本来要求されていない行為・作業」の中から、多くのアイデアが生まれたのだ。

「暇つぶし」を悪貨の如《ごと》く忌み嫌う向きがある。ずいぶん前に、某ラジオ局の特別番組に出演した際、かつてのアイドル、詩人で評論家、そして私という組み合わせで、読書について語ることになった。事前に放送局から取材を受け、それを元に構成台本が作られていた。基本は、それに沿って喋ることになる。

私は「読書」について、しょせん「暇つぶし」なんですよと語った。そこには、「読書」の効用について、教養を身につける、人格を磨く、感動するなど過大なオプションをつけられることへの反発があった。見返りを求める、何かいいことがないとやらない、というのは「読書」という自由な行為への冒瀆《ぼうとく》ではないか、と思っていた。

そして、本番の放送でも「読書はしょせん暇つぶしなんですよ」と半ば戦略的に言ったら、文化人系にシフトしようとしている元アイドルの女性が激しく反発した。「私は、読書を暇つぶしなどと思ったことは一度もありません!」と怒られてしまった。彼女が反発したのは、「暇つぶし」という言葉の解釈や認識に私と隔たりがあったからだ。「読書」を非常に高次元のものとし、「暇つぶし」を罪悪だと考えている。話は合わないわけだ。

講談社のPR誌「本」(二〇一五年十一月号)で、『タモリと戦後ニッポン』(講談社現代新書)の著者・近藤正高と糸井重里が対談している。デビュー当時、まだ無名のタモリは「ホワイト」という店で秘密ライブをしていた。そこに、赤塚不二夫や糸井、南伸坊、秋山道男、村松友視などが毎晩のように出入りし、酒を飲み、遊んでいた。

彼らだってすでに忙しかったはずだが、糸井に言わせれば「時間で縛られてない」。

そこに「暇という鉱脈」があったと言う。近藤によれば、その集まりから、例えば糸井に来た「プロレスの本」の執筆依頼が、「それなら村松さんに書いてもらったほうがいい」と推薦し、あのヒット作『私、プロレスの味方です』が生まれ、編集者だった村松が書き手になっていく。「暇」という余剰の産物だった。

糸井いわく「デジタル化しちゃったおかげで、そっちのリズムにみんなが無理に合わせちゃった」のが現代だ。隙間なく時間が埋められ、「暇」という観念がなくなった。それはいいことだとみんな思っているようだが、私は怖い。

ローマ五賢帝最後の皇帝マルクス・アウレリウス（岩波文庫版ではアウレーリウス）の言葉。彼が晩年に書き付けた内省の言葉の断片を集めた『自省録』は、千八百年以上も前の著作ながら、いまに生きる書として、長く読み継がれている。二〇〇七年に岩波文庫版が改版されて、ぐっと読みやすくなった。訳は神谷美恵子。

じつはこの本、全編が名言集とも言うべき一冊で、気に入ったものを挙げ出すときりがない。たまたま線を引いた個所を目にして掲げておいた。この言葉の前、アウレリウスは、「もっとも長命の者も、もっとも早死する者も、失うものは同じ」で、「なぜならば人が失いうるものは現在だけ」だからと説明している。過去と未来を失うのは不可能なのだ。

なんぴとも自分の持っていないものを失うことはできないからである

マルクス・アウレリウス

ラッセル・クロウ主演、二〇〇〇年公開のアメリカ映画『グラディエーター』を見た人なら覚えているだろう。対ゲルマンの戦陣で、将軍マキシマスに後を託し、それに怒った邪悪な実子コンモドゥスに暗殺されてしまうのが、ローマ皇帝アウレリウスである（ただし史実では病死）。

「訳者序」で、「プラトーンは哲学者の手に政治をゆだねることをもって理想としたが、この理想が歴史上ただ一回実践した例がある。それがマルクス・アウレーリウスの場合であった」と神谷美恵子は書く。西暦一二一年にローマで生まれたアウレリウスは、苦難の時代に皇帝の座に就く。たび重なる戦乱、河の氾濫や地震、ペストの流行、腹心の反乱などである。

彼は内憂外患を抱えながら、戦地で心を静かに収めるために言葉を綴った。それは自分を鎮めるとともに、深い思惟が言葉となり普遍な教えともなって『自省録』に残された。

例えば「人は田舎や海岸や山に引きこもる場所を求める」が、これは「凡俗な考え方」で、「いかなる所といえども、自分自身の魂の中にまさる平和な閑寂な隠家を見いだすことはできないであろう」と言う。もちろん、そのためには「閑寂な隠家」となる魂を平安にしておくことが必要だ。繰り返すがアウレリウスの治世は乱世だった。騒々しい世に巻き込まれて、これは彼自身への戒めでもあったろう。

『自省録』は全体にわたって、生への強い執着、肉体への非常な固持を戒めている。「すでに死につつある人間として肉をさげすめ」と彼は言う。

そしてまた、「あたかも一万年も生きるかのように行動するな。不可避のものが君の上にかかっている。生きているうちに、許されている間に、善き人たれ」とも言う。

彼は生前に貧しい女子を国費で教育する施設を作り、負債を抱える市民に免責特権を与えた。考えるだけではなく、行動する政治家でもあった。どこかの国とは大違い。

厳しい言葉だ。永瀬清子のアフォリズムを集めた『短章集』（思潮社）より。永瀬は、岡山で田畑を耕しながら詩を書いた。戦火をくぐり抜け、四人の子を育て、明治、大正、昭和、平成を生き抜いた。亡くなったのは一九九五年二月十七日。享年八十九。奇しくも、命日は自分の生誕の日であった。

生年の一九〇六年は明治三十九年。この年に生まれた著名な女性に杉村春子、川島芳

自分にやさしくする事を自分にゆるす、それが老いだ

永瀬清子

子、大村はま、大宅昌、海外ではマーガレット＝バーク＝ホワイトがいる。いずれも、乱世を背筋を伸ばして生き、強い倫理観を抱くことにおいて、みな似ている。まるで姉妹のような顔ぶれだ。

詩人の世界で知られるだけだった永瀬の名を、一躍有名にしたのが八七年に出た詩集『あけがたにくる人よ』（思潮社）。私が所持するのは二年後の八九年版だが、六刷にな

っている。

現代詩集が、短い年数でこれほど増刷を重ねることはきわめて珍しい。吉本隆明、谷川俊太郎、大岡信、新川和江など著名な詩人が永瀬の詩の読者であることを表明し、ふだん詩を読まない人たちにまで読者が広がった。

『あけがたにくる人よ』から表題作の一部を引く。


「あけがたにくる人よ／ててっぽっぽうの声のする方から／私の所へしずかにしずかにくる人よ／一生の山坂は蒼くたとえようもなくきびしく／私はいま老いてしまって／ほかの年よりと同じに／若かった日のことを千万遍恋うている」


「ててっぽっぽう」とは、その鳴き声から「山鳩」を指すと思われる。燃え盛るように生き、自分にやさしくすることは老いることと言った永瀬も、さすがに老いを自覚したということか。

評伝『永瀬清子』の著者・井坂洋子は、この詩集を「手をぬかないで、その道一筋でやってきた人の、名人芸のようなもの」と評している。自分にきびしく、は他人にもきびしい。農民詩人としては先輩の宮澤賢治だが、粗食ゆえに身体を悪くし、早く亡くなったことを永瀬は怒っていたという。

『短章集』には、冒頭に引いた以外にも印象的な言葉、エピソードがちりばめられている。例えば、永瀬は汽車に乗っていて、いきなり見知らぬ乗客に「ちょっと、ちょっと、あれをみて下さい」と呼びかけることがある。窓の外には夕焼けだ。読んでいた雑誌をやめて、外を見た人が言う。「ほんとに美しいです。ありがとう」。

その言葉に感謝しながら、永瀬の胸のなかに浮かぶのは「それは本当に今精神を輝かしている何かなのだ。そしてそれは今をはずしてはすぐ消えるものなのだ」という思いだ。「あらゆることを詩でおもい／あらゆることを詩でおこない／一呼吸ごとに詩せよ」と永瀬はかつて書いた。詩は激しいものだと、永瀬に教えられた。

「書いた、愛した、生きた」はスタンダール。「水に名前を書かれた人がここに眠っている」はジョン・キーツ。「鋼のように真実で刃のように真っ直ぐだった」はコナン・ドイル。「長い間ぐずぐずしていたら、こんなことが起きるだろうと知っていた」はバーナード・ショー。

　これらはいずれも、世界の文豪たちの墓に刻まれた言葉。つまり「墓碑銘」。彼らの

ふたりでみるとすべてのものは美しくみえる

サトウハチロー

人生を顕彰し、短い言葉で全貌を表す。よくできています。

　しかし、ここにわれらが日本を代表するサトウハチローという詩人の墓碑銘がある。それが「ふたりでみると／すべてのものは／美しくみえる」。おそらく、サトウの詩から取ったと思われる。これ以上、素敵な墓碑銘があるだろうか。いいなあ！

　サトウは東京・雑司《ぞうし》ヶ谷《がや》霊園に眠る。大物が揃う霊園で、漱石、鏡花、荷風、あるい

は竹久夢二や六代目尾上菊五郎など、挙げていけばきりがない。

サトウは童謡から歌謡曲、抒情詩から母を恋うる歌まで、生涯二万点もの詩歌を遺したと言われている。一九〇三年生まれ。没年は一九七三年。記念館が岩手県北上市にある。大衆小説作家・佐藤紅緑《こうろく》の息子。作家の佐藤愛子は異母妹にあたる。

一般には、「ちいさい秋みつけた」「かわいいかくれんぼ」「うれしいひなまつり」「お山の杉の子」など、誰もが知る童謡の作詞家として知られる。これらの歌は、いま聴いても思わず胸が暖かくなる。大人になって、ここまで童心を表現できるというのは奇跡的だ。

ところが、サトウは「神武以来」と言われた札付きの不良少年だった。感化院に送られたこともある。これは玉川しんめいによる評伝『ぼくは浅草の不良少年―実録サトウ・ハチロー伝』(作品社)に書かれていたと思うが、万引き用のマント(内側にポケットがたくさんついている)を持っていて、原稿用紙でも文房具でも、友人が欲しいと言えば、「よしきた」と店に入って盗んできたという。そんな人が「ちいさい秋みつけた」なんて書く、書けるというのがすごい。

さて、ここからがやっと本題。この春、私の仲間からカップルが誕生した。男は五十歳、女は十歳ぐらい年下か。美男、美女の組み合わせで、どうしてこれまで独身だったのか、フシギでならない。そんな二人だ。二人は、私の仲間という意味でずっと近くにいたのだが、そのときは何でもなくて、彼女が実家のある京都へ帰って、そこからつい最近、つきあいが始まった。離れて初めてお互いに気づくということがあるんですね。

お互いに、ずっと一人暮らしをしていたから、一緒に住むとなると、いろんな食い違いが出てくるかもしれない。だからそんな二人にサトウハチローの言葉（墓碑銘）を贈りたいと思う。

朝日新聞記者・竹信悦夫は二〇〇四年九月、休暇中にマレーシアの海で遊泳中に死亡。享年五十四。無類の読書家として知られ、朝日新聞ウェブ上に連載された書評が、死後『ワンコイン悦楽堂』（情報センター出版局）という本にまとまった。

その「あとがき」に妻の三恵子さんがこんなことを書いている。

「被告として冤罪を主張する立場に立たされたり、被害者として原告の立場に立たされたりした女性に何度か取材で会ってきた彼は、よく言った。『普通に考えればすごく不幸な人たちのはずなのに、その人たちが、裁判が進むうちに、どんどん自分の言葉で話せるようになり、きれいになっていく。人間はふしぎだ』」

神様に愛されたんやなあ

稲垣足穂

私は、北朝鮮の拉致問題で、被害者家族連絡会の先頭に立って、解決に向け運動を続ける横田早紀江さんを見ていて、同じようなことを感ずるのだ。

一九七七年十一月、新潟県の海辺の町で、中学生の娘めぐみさんが、突如姿を消す。それが北朝鮮工作員による「拉致」とわかったのは二十年後。

それからの横田夫妻の活動は御承知の通り。横田さんはつねづね「(こういうことが起きなければ)私は普通のおばさんだった」と言っている。それがテレビで新聞で各種集会で、そしてアメリカ大統領との会談の場で、真っすぐ前を向いて、自分の言葉で語り続けているうちに、一種の崇高さが備わるようになった。美しいとも思う。

一九九九年に山口県光市で起きた十八歳少年による母子殺害事件でも、被害者遺族の本村洋さんが「全国犯罪被害者の会」を立ち上げ、スポークスマンとして被害者家族の心情を訴え続けている。本村さんも、それまで普通のサラリーマンだったのだ。しかし、顔をマスコミに曝《さら》し、フラッシュの放列の中、会見する姿は非凡で、平凡なわれわれの胸を打つ。

『星の声　回想の足穂先生』(筑摩書房)を書いた萩原幸子さんは、二十代で作家の稲垣足穂を知り師事するが、乳ガンの手術を受け、それからまもなく父親を失う。そんな折りに、京都の足穂を訪ねたとき言われたのがこの言葉だった。

「神様に愛されたんやなあ」

萩原さんはこれを「稲垣先生は、順境にある人よりも、そうでない人、しんぼうして耐えている人に、よりお気持ちを寄せるようであった。（中略）胸を張って得意な人よりも、不幸のほうが人を美しくさせる」という意味に受け取る。

災厄や不幸はない方がいい。しかし、長い人生、そうはいかない。強い風の日もあれば、大雪に立ち尽くす日だってある。いったん逆境に立たされた時こそ、人の真価が問われる。そんなとき、この「神様に愛されたんやなあ」という言葉を思い出そうと思う。自分に何ができるか、つねに試されている。人の一生など、その連続ではないか。

高橋睦郎の『友達の作り方』という大部な本を、私はこれまで少なくとも三度は読み、最近四度目を読み終えた。何度読んでも面白いし、随所で感心する。詩人（俳句も短歌も作る）の著者が、これまで出会った人たちを回想しながら、自らの人生を振り返る。そういう書き方がされてある。タイトルから、友達作りのハウトゥものかと勘違いされると困るので念のため。

人生は神の手によるお伽話

アンデルセン

一九三七年に福岡県八幡市（現・北九州市）で生まれた高橋は母一人子一人の家に育ち、貧しい暮らしを続けたが、その分「人」に恵まれた。中学時代から新聞雑誌に詩や俳句、短歌を投稿し、入選を続け天才と目されていた。教師をはじめなんと多くの人が、この貧しい少年を、才能を愛し、包み守ったことか。

たとえば、小学校の先生には、本なら言うなりに買ってやると言われ、吉川英治『龍虎八天狗』を所望し、八十八円をもらっている。現在の四、五千円ぐらいの感じか。中学の修学旅行の費用を出してくれた人もいた。戦後まもない、まだ日本は貧しい時代だったが、こうして手放しの善意を施す人たちがいたことに驚く。

一九六〇年代初頭に上京した高橋は、日本デザインセンターに最初アルバイト、のち社員となり、まだそんな呼び名はなかったがコピーライターとなる。この時代、各分野で一斉に若き才能が開花し、高橋もその渦中にある。本書に登場するのは三島由紀夫、澁澤龍彥、谷川俊太郎、横尾忠則、和田誠、篠山紀信、武満徹、高橋悠治、四谷シモン、浅葉克己などなど、多士済々であると同時に、ジャンルを横断している。六〇年代カルチャーを飾る大物たちがことごとく、高橋と関わりがある。高橋が交差点みたいだ。

日本デザインセンター時代、先輩にデザイナーの横尾忠則がいて仲良くなる。ある日、商品撮影に高橋たちが出かけ、横尾は社で留守番。遅くなって社へ戻ると、横尾が「電話をくれればいいじゃないか」と怒った。「べつに待ってなくとも先に帰ればいいのに」と、本当にそう思って口に出したら、横尾は湯のみのお茶を高橋の頭からかけた。不思議なことに、以後、これがきっかけで二人は仲良くなるのである。どんな縁で友達が作られるか分からない。

『友達の作り方』は、知り合った友人たちの人名が各章のタイトルに冠せられているそこに、先人の名言が必ず引用されているのが特徴。今回、拾ったのは「三井たみ子の巻」の冒頭にあったアンデルセンの言葉だ。高橋は名言については言及しないが、こうして見て行くと、すべてが不思議なめぐり合わせで、人と人が出会い、お互いを認め合ってゆく。まさに、「人生は神の手によるお伽話」だと思えてくるのだ。

二月十四日はバレンタインデー。義理も本命も乗せて、チョコレートが年に一度、大量に飛び交う日だ。
二〇一〇年の二月十四日が忘れがたいのは、作家のディック・フランシスが天に召されたこと。享年八十九。もとはエリザベス皇太后のお抱え騎手だったフランシスは、引退後に身を転じてミステリ作家となった。いずれも競馬界を舞台にした長編を、ほぼ年に一作発表し、世界中に熱狂的な読者を持っていた。私もその一人。毎年、邦訳される新刊を心待ちにしていた。

おたがい、生きている

「矜持」

最後の長編『矜持』(早川書房)が、二〇一一年一月に邦訳刊行された。まさに天の贈り物だ。著者名に同姓のフェリックスが加わっているのは、何作か前から、息子が取材リサーチと執筆の手助けをしているからだ。かといって、作品そのものに目にみえた変化はない。ディック・フランシス節は健在だ（その後、ハヤカワ・ミステリ文庫に収録）。

長編競馬シリーズの四十三作目となった本書は、アフガン戦争で負傷し、ランボーンの実家へ帰還するところから始まる。彼、英国陸軍大尉トマス・フォーサイスは、戦場で片足を失い、精巧に造られた義足をはめていた。その時、軍人としての誇りも失っていた。

フランシスのファンなら、競馬シリーズに四度登場した片腕の元競馬騎手の調査員、シッド・ハレーを想起するだろう。障害を抱えながら災厄と難事に立ち向かう点で、トマスはシッドの弟だ。

『矜持』の災厄と難事は、英国から表彰されるほど偉大な調教師である母が、口の巧《うま》い会計士に丸め込まれて、脱税を繰り返し、応じた投資で大金を失い、いま、脅迫を受け毎週二千ポンドを払い続けていることだ。しかも、脅迫に屈し、レースで馬にわざと負けさせる細工までして評判を落としつつある。

自分と母の仲は悪かったから、その話を聞き出すのに苦労したが、権威の失墜への恥辱と刑務所入りに脅える母を助けるため、脅迫者を暴き、金を取り返そうとトマスは動き始める。

ある朝、「おはよう（グッド・モーニング）」と挨拶したトマスに、母は「どこがいい（グッド）というの？」と聞き返す。最悪の事態に身も心も折れてしまった母にトマスはこう切り返す。

「おたがい、生きている」

じつはトマス自身、片足を失い、もう戦闘に戻れそうもないと知ったとき、生きているより死んだほうがましだと考えていた。それでもトマスは生きた。生きて、失った誇りを取り戻すべく、卑劣かつ邪悪な敵に挑戦状を叩き付けるのだ。それができるのは「生きている」からにほかならない。

「生きている」ことが、すべての基本であり出発点なのだ。

・本書は、「月刊高校教育」連載の「心を耕す名言・名ゼリフ」(学事出版/二〇〇五年四月号〜)、『読書で見つけた　こころに効く「名言・名セリフ」』(光文社知恵の森文庫/二〇〇六年)を大幅に加筆修正し、再構成して単行本化しました。

・文中に、今日では差別的と受け取られかねない表現が含まれていますが、原文を尊重し、作者にそれを助長する意図がないことと考え、そのままとしました。

◉引用作品一覧――もっと名言を味わうために

水原秋櫻子『日本の名随筆37 風』（作品社）1985 10

北村薫『秋の花』（創元推理文庫）1997 13

長谷川集平『音楽未満』（マガジンハウス）1991 16

谷川俊太郎『すき―谷川俊太郎詩集（詩の風景）』（理論社）2006 19

芥川比呂志『芥川比呂志エッセイ選集 全一巻』（新潮社）1995 22

みうらじゅん『みうらじゅん対談集 正論。』（コアマガジン）2009 25

フジモトマサル『二週間の休暇』新装版（講談社）2016 28

内田樹・平川克美・名越康文『僕たちの居場所論』（角川新書）2016 31

茨木のり子『茨木のり子詩集』谷川俊太郎選（岩波文庫）2014 34

市川準、内田裕也ほか『ぼくのしょうらいのゆめ』（文春文庫）2009 37

森まゆみ『東京ひがし案内』（ちくま文庫）2010 40

杉山平一『わが敗走』（編集工房ノア）1989 43

安野光雅『君は大丈夫か―ZEROより愛をこめて』（ちくま文庫）2008 46

花森安治『一戔五厘の旗』（暮しの手帖社）1971 49

鶴見俊輔『回想の人びと』（ちくま文庫）2006 52

浦沢直樹・勝鹿北星『MASTERキートン』（ビッグコミックス）1988（完全版2011） 55

田中美穂『わたしの小さな古本屋』（洋泉社）2012／（ちくま文庫）2016 58

山田洋次・田中孝彦『寅さんの人間論』（岩波ブックレット）1990 61

阪田寛夫『戦友―歌につながる十の短編』（文藝春秋）１９８６　67
河野通和『「考える人」は本を読む』（角川新書）２０１７／モハメド・オマル・アブディン『わが妄想』（ポプラ文庫）２０１５　70
長谷川一平編『フォトアーカイブ　昭和の公団住宅―団地新聞の記者たちが記録した足跡』（智書房）２０１５　73
『ヴェルレーヌ詩集』堀口大學訳（新潮文庫）１９５０　76
吉田秋生『海街diary』（小学館）２００６-１８／是枝裕和監督「海街diary」２０１５　79
週刊朝日編『値段の明治・大正・昭和風俗史』（朝日新聞社）１９８４（朝日文庫１９８７）　82
松本零士『銀河鉄道９９９』（小学館）１９７７　86
多田謡子『私の敵が見えてきた』（編集工房ノア）１９８８　89
多田富雄『残夢整理―昭和の青春』（新潮文庫）２０１３　92
ケン・ローチ監督『わたしは、ダニエル・ブレイク』２０１６　95
ジョン・ミリアス監督『ビッグ・ウェンズデー』１９７９／「coyote コヨーテ」No.12「ジョリー・ロペスの静かな暮らし」（スイッチパブリッシング）２００６　98
星野博美『銭湯の女神』（文春文庫）２００３　104
天野忠『天野忠詩集』日本現代詩文庫11（土曜美術社）１９８３　107
三木卓『わが青春の詩人たち』（岩波書店）２００２　110
小林秀雄『私の人生観』（角川文庫）１９５４　113
若桑みどり『レット・イット・ビー』（主婦の友社）１９８８　116
伊藤氏貴『奇跡の教室　エチ先生と「銀の匙」の子どもたち』（小学館）２０１０　119
河野多恵子『小説の秘密をめぐる十二章』（文春文庫）２００５　122
中島らも『砂をつかんで立ち上がれ』（集英社文庫）２００３　125

山田洋次監督『下町の太陽』1963 128

司馬遼太郎・井上ひさし対談集『国家・宗教・日本人』（講談社文庫）1999 131

田村隆一『詩人からの伝言』（ダ・ヴィンチブックス）1996 134

降旗康男監督『居酒屋兆治』1983 137

小島直記『志に生きた先師たち』（新潮文庫）1989 140

貴田庄『原節子　あるがままに生きて』（朝日文庫）2010 143

アラン『幸福論』白井健三郎訳（集英社文庫）1993 149

リチャード・アッテンボロー監督『ガンジー』1983 152

吉野源三郎『君たちはどう生きるか』（岩波文庫）1982／上原隆『君たちはどう生きるかの哲学』（幻冬舎文庫）2018 155

鶴見俊輔編『老いの生きかた』（ちくま文庫）1997 162

池内紀・奥本大三郎・川本三郎『快著会読』（メディアファクトリー）1990 165

業田良家『自虐の詩』（竹書房文庫）1996 168

寺田寅彦『柿の種』（岩波文庫）1996 171

『愛の旅人』be編集グループ編（朝日新聞社）2006 174

涸沢純平『遅れ時計の詩人―編集工房ノア著者追悼記』2017 177

石塚真一『岳』（小学館）2005-12 180

山田太一『ふぞろいの林檎たち』（新潮文庫）1990 183

関川夏央『「名探偵」に名前はいらない』（講談社文庫）1991 186

司馬遼太郎『街道をゆく41　北のまほろば』（朝日文庫）2009 189

澤宮優『イップス　病魔を乗り越えたアスリートたち』（角川書店）2018 192

丸谷才一『絵具屋の女房』（文春文庫）２００７　259
大石芳野・永六輔『レンズとマイク』（藤原書店）２０１６　262
田辺聖子『道頓堀の雨に別れて以来なり　上・中・下』（中公文庫）１９９８-２０００　265
高橋英夫『忘却の女神』（彌生書房）１９８２　268
武満徹『音、沈黙と測りあえるほどに』（新潮社）１９７１　271
上前淳一郎『読むクスリ29』（文春文庫）１９９８　274
谷川俊太郎『自選　谷川俊太郎詩集』（岩波文庫）２０１３　277
宮本輝『五千回の生死』（新潮文庫）１９９０　280
『あの人に会いたい』（新潮文庫）ＮＨＫあの人に会いたい刊行委員会　２００８　283
エーリヒ・ケストナァ『ケストナァ詩集』板倉鞆音訳　現代の芸術双書XIV（思潮社）１９６５　286
スコット・ヒックス監督『アトランティスのこころ』２００２　289
「本」（講談社）２０１５年11月号　292
マルクス・アウレーリウス『自省録』神谷美恵子訳（岩波文庫）２００７　295
永瀬清子『短章集―蝶のめいてい／流れる髪』詩の森文庫（思潮社）２００７　298
萩原幸子『星の声　回想の足穂先生』（筑摩書房）２００２　304
高橋睦郎『友達の作り方』（マガジンハウス）１９９３　307
ディック・フランシス『矜持』（ハヤカワ・ミステリ文庫）２０１２　310

明日《あした》咲《さ》く言葉《ことば》の種《たね》をまこう
心《こころ》を耕《たがや》す名言《めいげん》100

二〇二〇年三月二〇日　初版第一刷　発行
二〇二〇年七月二〇日　初版第二刷　発行

著　者　岡崎武志

発行者　伊藤良則
発行所　株式会社春陽堂書店
〒104-0061
東京都中央区銀座3-10-9　KEC銀座ビル
電話　03-6264-0855(代)
印刷・製本　ラン印刷社

P20　JASRAC 出 2001590−001
P146　(株)ヤマハミュージックエンタテインメントホールディングス 出版許諾番号 20071P

ISBN978-4-394-90368-0 C0095